ねこねこ日本史でよくわかる

# 地球のふしぎ



原作 そにし
著者 蜷《にな》川《がわ》雅《まさ》晴《はる》

実業之日本社

# もくじ

## 第一章《だいいっしょう》　地球《ちきゅう》の探究編《たんきゅうへん》

## 第二章《だいにしょう》　火山《かざん》の活動編《かつどうへん》

## 第三章《だいさんしょう》 河川《かせん》と海洋編《かいようへん》

第四章《だいよんしょう》 お天気《てんき》編《へん》

注意点《ちゅういてん》

※年齢《ねんれい》はすべて満年齢《まんねんれい》で統一《とういつ》しています。ただし、誕生日《たんじょうび》が不明《ふめい》な人《ひと》も多《おお》いので、誕生日《たんじょうび》にかかわらずその年《とし》に迎《むか》える年齢《ねんれい》を記載《きさい》しています。

※人名《じんめい》や地名《ちめい》などに関《かん》して、本書《ほんしょ》に記載《きさい》されている呼《よ》び方以外《かたいがい》もある場合《ばあい》があります。

# 第《だい》一《いっ》章《しょう》　地《ち》球《きゅう》の探《たん》究《きゅう》編《へん》

# 地《ち》球《きゅう》

【私《わたし》たちの住《す》むまるい天《てん》体《たい》】

地《ち》球《きゅう》一《いっ》周《しゅう》の距《きょ》離《り》は
何《なん》kmかニャ?
地《ち》球《きゅう》の陸《りく》と海《うみ》は
どっちが
広《ひろ》いかニャ?

案《あん》内《ない》役《やく》は

坂《さか》本《もと》竜《りょう》馬《ま》先《せん》生《せい》

生没年《せいぼつねん》 西暦《せいれき》1835〜1867年《ねん》

**勝海舟《かつかいしゅう》から世界《せかい》の大《おお》きさを教《おそ》わった坂本竜馬《さかもとりょうま》**

江《え》戸《ど》時《じ》代《だい》の終《お》わり頃《ごろ》（幕末《ばくまつ》）にアメリカなどの黒船《くろふね》が日本《にほん》にやってきて、日本《にほん》に開国《かいこく》を迫《せま》りました。開国《かいこく》を反対《はんたい》していた坂本《さかもと》竜馬《りょうま》は、アメリカ帰《がえ》りの幕臣《ばくしん》であり、開国《かいこく》を希望《きぼう》していた勝海《かつかい》舟《しゅう》を倒《たお》そうとしました。ところが、勝《かつ》は竜馬《りょうま》に地球儀《ちきゅうぎ》を見《み》せて日本《にほん》と外国《がいこく》の違《ちが》いについて説明《せつめい》しました。その話《はなし》に感動《かんどう》した竜《りょう》馬《ま》は勝《かつ》の弟子《でし》となりました。

## 小《ちい》さい地球《ちきゅう》「地球儀《ちきゅうぎ》」

地球《ちきゅう》を縮小《しゅくしょう》した模型《もけい》を**地球儀**《ちきゅうぎ》といいます。地球儀《ちきゅうぎ》には、北極《ほっきょく》と南極《なんきょく》を通《とお》るような回転《かいてん》軸《じく》があり、地球《ちきゅう》をクルクル回転《かいてん》させることができます。

みなさんは学校《がっこう》で地球儀《ちきゅうぎ》を見《み》たことがあると思《おも》いますが、江戸時代《えどじだい》の終《お》わり頃《ごろ》には、地球儀《ちきゅうぎ》はとてもめずらしいものでした。最近《さいきん》では、月《つき》の模型《もけい》である月球儀《げっきゅうぎ》や火《か》星《せい》の模型《もけい》である火星儀《かせいぎ》などもあります。

ワシを殺《ころ》してもいいがこれを見《み》てからにしろ!
ジャーン
ニャ!?
勝海舟《かつかいしゅう》

## 日本《にほん》と世界《せかい》の大《おお》きさ

地球儀《ちきゅうぎ》で日本《にほん》を見《み》ると、日本《にほん》はとても小《ちい》さい国《くに》に見《み》えます。日本《にほん》の面積《めんせき》は、地球《ちきゅう》の陸地《りくち》の０・２６%しかないのです。国《くに》の面積《めんせき》が広《ひろ》い順《じゅん》は、１位《い》がロシア(日本《にほん》の約《やく》45倍《ばい》)、２位《い》がカナダ(日本《にほん》の約《やく》26倍《ばい》)、３位《い》がアメリカ(日本《にほん》の約《やく》26倍《ばい》)、４位《い》が中国《ちゅうごく》(日本《にほん》の約《やく》25倍《ばい》)、５位《い》がブラジル(日本《にほん》の約《やく》22倍《ばい》)です。日本《にほん》は２０１４年《ねん》の時点《じてん》で61位《い》です。

いいか!日本《にほん》はこのちっぽけな国《くに》じゃ!
そしてこれがアメリカじゃ!!
クルクルクル

## 地球《ちきゅう》の大《おお》きさ

地球《ちきゅう》の半径《はんけい》は約《やく》６３７０㎞であり、地球《ちきゅう》の一周《いっしゅう》は約《やく》４００００㎞です。

もし、みなさんの自宅《じたく》と学校《がっこう》との距離《きょり》が１㎞であれば、みなさんは自宅《じたく》と学校《がっこう》を往復《おうふく》して１日《にち》に２㎞歩《ある》きます。２００日間《にちかん》、学校《がっこう》に通《かよ》うと、４００㎞歩《ある》いたことになります。地球《ちきゅう》の一周《いっしゅう》は、さらにその１００倍《ばい》もあるのです。

東京《とうきょう》と大阪《おおさか》の距離《きょり》は４００㎞（往復《おうふく》では８００㎞）ありますので、東京《とうきょう》と大阪《おおさか》を50回往復《かいおうふく》すると、

８００×５０＝４００００㎞

となり、地球《ちきゅう》を一周《いっしゅう》した距離《きょり》になります。

地球儀《ちきゅうぎ》は小《ち》さくても
本物《ほんもの》の地球《ちきゅう》は
大《おお》きいニャ！

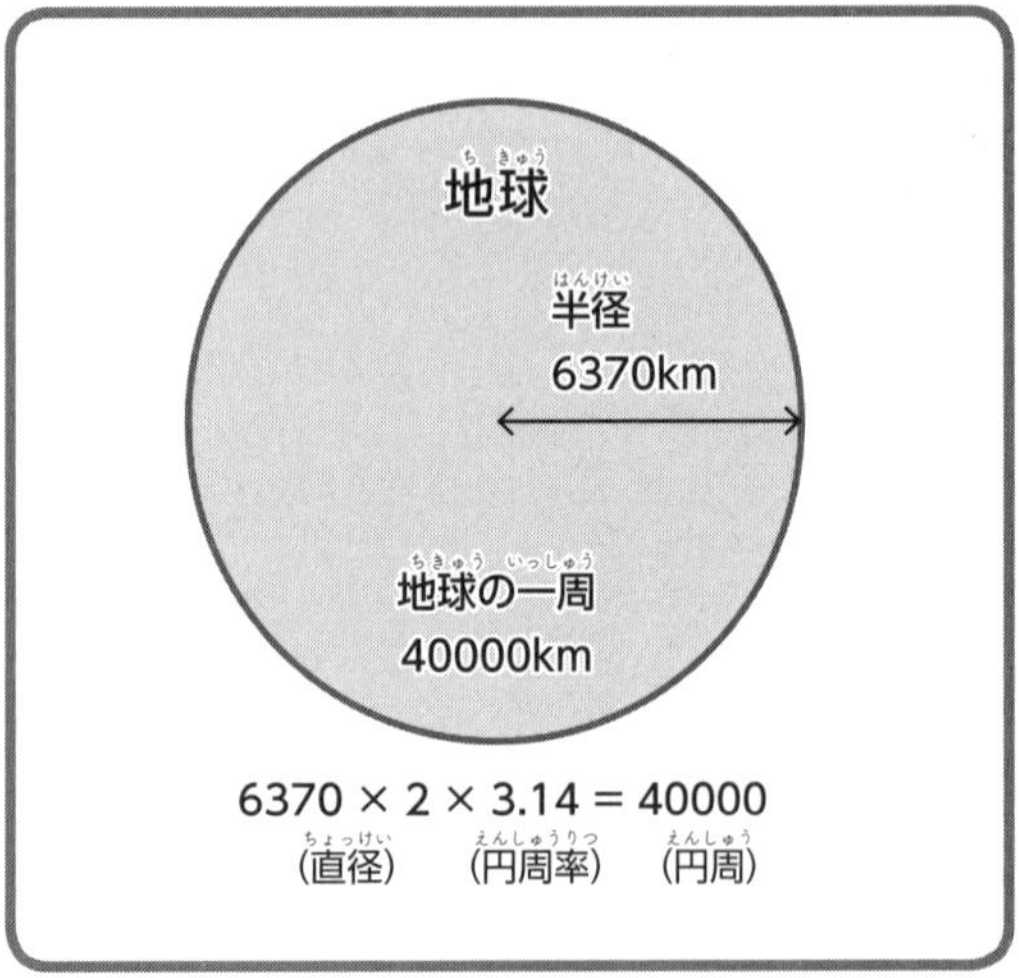
地球《ちきゅう》
半径《はんけい》
6370km
地球《ちきゅう》の一周《いっしゅう》
40000km
6370 × 2 × 3.14 = 40000
(直径《ちょっけい》)　(円周率《えんしゅうりつ》)　(円周《えんしゅう》)

地球《ちきゅう》の大《おお》きさ

## 地球《ちきゅう》の陸《りく》と海《うみ》

海岸線《かいがんせん》を境《さかい》にして、地球《ちきゅう》の表面《ひょうめん》を陸《りく》と海《うみ》に分《わ》けると、陸《りく》は地球《ちきゅう》の約《やく》30％、海《うみ》は地球《ちきゅう》の約《やく》70％を占《し》めます。海《うみ》は陸《りく》の2倍《ばい》以上《いじょう》の広《ひろ》さがあるのです。

陸地《りくち》には、高《たか》いところと低《ひく》いところがあります。世界一高《せかいいちたか》いところが、ヒマラヤ山脈《さんみゃく》にある**エベレスト**です。エベレストの山頂《さんちょう》はネパールと中国《ちゅうごく》の国境《こっきょう》にあり、その高《たか》さは8848mです。

都道府県別《とどうふけんべつ》に見《み》ると
陸地《りくち》の平均《へいきん》の高《たか》さは
長野県《ながのけん》が最《もっと》も高《たか》く
千葉県《ちばけん》が最《もっと》も低《ひく》い
ニャ!!

## 海底《かいてい》の地形《ちけい》

海《うみ》にも浅《あさ》いところと深《ふか》いところがあります。世界《せかい》の海《うみ》の深《ふか》さは、平均《へいきん》すると約《やく》3800mです。

日本《にほん》の海岸付近《かいがんふきん》には、**大陸棚《たいりくだな》**とよばれる浅《あさ》い海底《かいてい》が広《ひろ》がっています。大陸棚《たいりくだな》の海《うみ》の深《ふか》さは、深《ふか》いところでも200mくらいまでです。

世界《せかい》で一番深《いちばんふか》い海《うみ》は、日本《にほん》からはるか南《みなみ》の海《うみ》にある**マリアナ海溝《かいこう》**です。海溝《かいこう》とは、谷《たに》のような地形《ちけい》で、細長《ほそなが》く深《ふか》い海底《かいてい》です。マリアナ海溝《かいこう》の海《うみ》の深《ふか》さは約《やく》1万《まん》1000mです。東北地方《とうほくちほう》〜関東地方《かんとうちほう》の東側《ひがしがわ》にも、**日本海溝《にほんかいこう》**とよばれる深《ふか》さ約《やく》8000mにもなる海底《かいてい》の深《ふか》い谷《たに》があります。

# 測《そく》量《りょう》

【地図《ちず》を作《つく》るための作業《さぎょう》】

人《じん》工《こう》衛《えい》星《せい》とは何《なに》かニャ？

G《ジー》N《エヌ》S《エス》S《エス》とG《ジー》P《ピー》S《エス》とは何《なに》かニャ？

**日本地図《にほんちず》を作成《さくせい》した**
**伊能忠敬《いのうただたか》**

西暦《せいれき》1778年《ねん》にロシア人《じん》の一行《いっこう》が蝦夷地《えぞち》（北海道《ほっかいどう》）に現《あらわ》れました。このとき、日本《にほん》には正確《せいかく》な日本地図《にほんちず》がありませんでした。その後《ご》も、ロシア人《じん》は度々《たびたび》、蝦夷地《えぞち》に現《あらわ》れるようになったので、幕府《ばくふ》は蝦夷地《えぞち》の正確《せいかく》な地図《ちず》を作《つく》ることにしました。この計画《けいかく》の担当《たんとう》に選《えら》ばれたのが、50歳《さい》のときから天文学《てんもんがく》を本格的《ほんかくてき》に学《まな》び始《はじ》めた伊能忠敬《いのうただたか》です。

**案《あん》内《ない》役《やく》は**
**伊《い》能《のう》忠《ただ》敬《たか》先《せん》生《せい》**
**生没年《せいぼつねん》** 西暦《せいれき》1745〜1818年《ねん》

## 「伊能忠敬《いのうただたか》」の測量《そくりょう》

伊能忠敬《いのうただたか》が55歳《さい》のとき（西暦《せいれき》1800年《ねん》）に、蝦夷地《えぞち》（北海道《ほっかいどう》）の測量《そくりょう》が始《はじ》まりました。地図《ちず》を作《つく》るためには、さまざまな場所《ばしょ》までの距離《きょり》を測《はか》る必要《ひつよう》があります。このような作業《さぎょう》を**測量《そくりょう》**といいます。伊能忠敬《いのうただたか》は、測量《そくりょう》のために各地《かくち》を歩《ある》き続《つづ》けました。

幕府《ばくふ》の要請《ようせい》を受《う》け
蝦夷《えぞ》地測量隊《ちそくりょうたい》を
結成《けっせい》！
じゃーん
御用

測量《そくりょう》とは、地球上《ちきゅうじょう》の位置《いち》や距離《きょり》を測《はか》ることニャ！

## 地図《ちず》の完成《かんせい》

蝦夷地《えぞち》からスタートした測量《そくりょう》は、その後《ご》、日本各地《ほんかくち》で行《おこな》われました。測量《そくりょう》は1816年《ねん》に終《お》わりましたが、地図《ちず》がすぐに完成《かん》したわけではありません。このとき、伊《い》能忠敬《のうただたか》はすでにじい様《さま》でした。そして、1818年《ねん》に73歳《さい》で亡《な》くなり、地図《ちず》の完成《かんせい》を見《み》ることはできませんでした。その後《ご》も地図《ず》の制作《せいさく》が進《すす》められ、1821年《ねん》に日本全体《にほんぜんたい》の地図《ちず》が完成《かんせい》しました。

すっかりヨレヨレに…
いち…
にー…
さん…
猫《ねこ》の5年《ねん》は人間《にんげん》の20年《ねん》
ゴホ ゴホ
おっさん通《とお》り越《こ》してじい様《さま》ですね……

## 宇宙《うちゅう》に打《う》ち上《あ》げた「人工衛星《じんこうえいせい》」

地球《ちきゅう》や火星《かせい》などは、太陽《たいよう》のまわりを回《まわ》っています。このような星《ほし》を**惑星**《わくせい》といいます。さらに、惑星《わくせい》のまわりを回《まわ》っている星《ほし》を**衛星**《えいせい》といいます。月《つき》は、約《やく》27日《にち》で地球《ちきゅう》のまわりを一周《いっしゅう》する衛星《えいせい》です。地球《ちきゅう》の衛星《えいせい》は月《つき》だけですが、火星《かせい》にはフォボスとダイモスという名前《なまえ》の2つの衛星《えいせい》があります。

月《つき》のような自然《しぜん》の星《ほし》ではなく、人類《じんるい》が打《う》ち上《あ》げて地球《ちきゅう》のまわりを回《まわ》っているものは**人工衛星**《じんこうえいせい》といいます。地球《ちきゅう》のまわりには8000以上《いじょう》の人工衛星《じんこうえいせい》があります。人工衛星《じんこうえいせい》は天気予報《てんきよほう》に利用《りよう》されたり、衛星放送《えいせいほうそう》に利用《りよう》されたり、いろいろな使《つか》われ方《かた》をしています。

## GNSS《ジーエヌエスエス》（全地球航法衛星《ぜんちきゅうこうほうえいせい》システム）

江戸時代《えどじだい》の測量《そくりょう》は、歩《ある》き続《つづ》けるしかありませんでしたが、現在《げんざい》ではいろいろな方法《ほうほう》で測量《そくりょう》が行《おこな》われています。その中《なか》には、人工衛星《じんこうえいせい》を利用《りよう》した測量《そくりょう》もあります。

地球《ちきゅう》のまわりにある人工衛星《じんこうえいせい》から電波《でんぱ》を受《う》けとることによって、地図上《ちずじょう》での位置《いち》（私《わたし》たちがいる場所《ばしょ》）を知《し》る方法《ほうほう》があるのです。このしくみを**GNSS**《ジーエヌエスエス》といいます。

## GPS《ジーピーエス》（全地球測位《ぜんちきゅうそくい》システム）

地図上《ちずじょう》での位置《いち》を確認《かくにん》するときに、私《わたし》たちはGPS《ジーピーエス》という言葉《ことば》をよく聞《き》きます。G《ジー》PS《ピーエス》は、スマートフォンやカーナビなどに搭載《とうさい》されていて、私《わたし》たちがいる場所《ばしょ》を教《おし》えてくれます。GPS《ジーピーエス》はいくつかあるGNS《ジーエヌエス》S《エス》のひとつです。

GNSS《ジーエヌエスエス》は、日本《にほん》やロシアなど、さまざまな国《くに》で開発《かいはつ》されています。各国《かっこく》が開発《かいはつ》したGNSS《ジーエヌエスエス》のうち、アメリカで開発《かいはつ》されたものをGPS《ジーピーエス》といいます。最近《さいきん》では、複数《ふくすう》のGNSS《ジーエヌエスエス》を組《く》み合《あ》わせて、精度良《せいどよ》く位置《いち》を決《き》めることができています。GPS《ジーピーエス》などのGNSS《ジーエヌエスエス》は、遠足《えんそく》や登山《とざん》などで道《みち》に迷《まよ》わないように活用《かつよう》することもできます。

ＧＰＳ《ジーピーエス》に利用《りよう》している人《じん》工衛星《こうえいせい》は、地表《ちひょう》から約《やく》20000km の高《たか》さに約《やく》30 個《こ》あります。複数《ふくすう》の人工衛星《じんこうえいせい》から電波《でんぱ》を受信《じゅしん》することによって、精度《せいど》良《よ》く位置《いち》を決《き》めることができます。

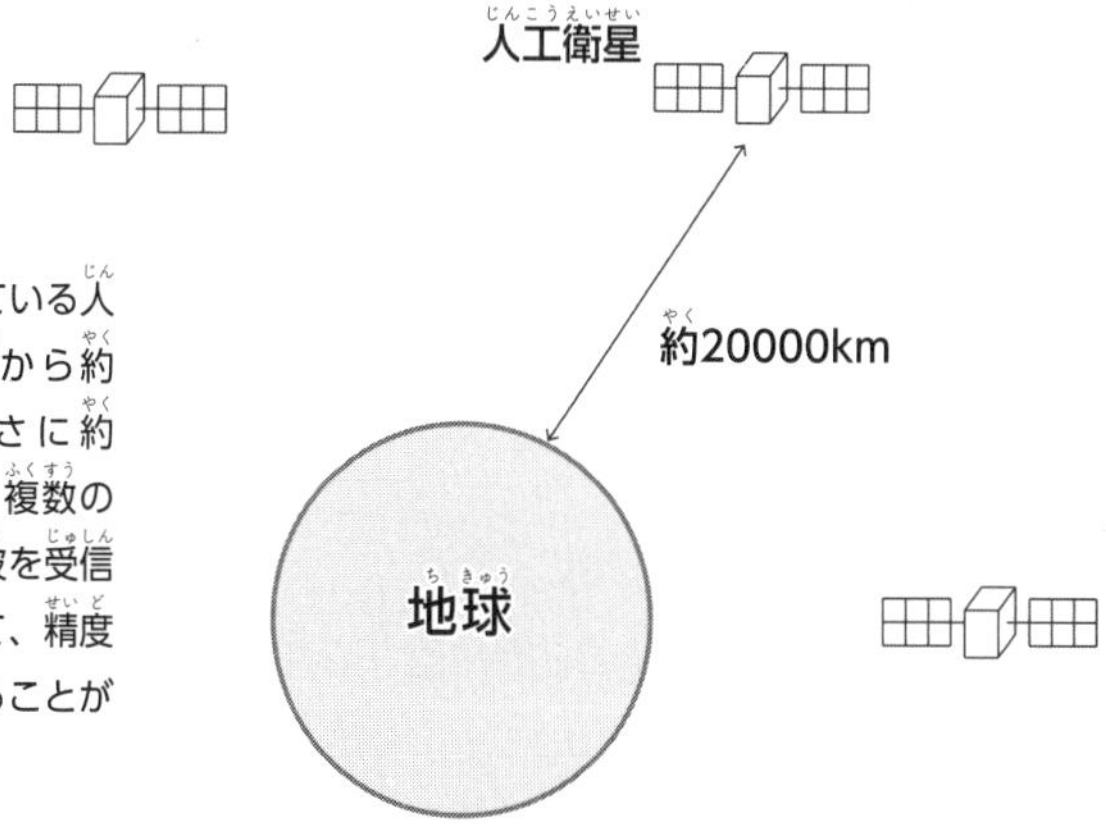


ＧＰＳ《ジーピーエス》に利用《りよう》している人工衛星《じんこうえいせい》

# 【朝《あさ》と夜《よる》がある理由《りゆう》】

# 地《ち》球《きゅう》の自《じ》転《てん》

日《ひ》の出《で》の時《じ》刻《こく》は
どこが
早《はや》いかニャ？

影《かげ》はなんで
できるのかニャ？

案内役《あんないやく》は
聖《しょう》徳《とく》太《たい》子《し》先生《せんせい》
生没年《せいぼつねん》 西暦《せいれき》574～622年《ねん》

**「日没《ひぼっ》する処《ところ》」に手紙《てがみ》を書《か》いた聖徳太子《しょうとくたいし》**

聖徳太子《しょうとくたいし》は、飛鳥時代《あすかじだい》に政《せい》治《じ》を行《おこな》った人物《じんぶつ》です。西暦《せいれき》600年《ねん》～614年《ねん》には、新《あたら》しい文化《ぶんか》や制度《せいど》を学《まな》ぶため、隋《ずい》（中国《ちゅうごく》の王朝《おうちょう》）に使《つか》いを送《おく》りました。このとき、聖《しょう》徳太子《とくたいし》は「日出《ひい》づる処《ところ》の天《てん》子《し》、書《しょ》を日没《ひぼっ》する処《ところ》の天子《てんし》に致《いた》す」という手紙《てがみ》を、隋《ずい》の皇帝《こうてい》に送《おく》っています。

## 太陽《たいよう》の動《うご》き

太陽《たいよう》は、朝《あさ》には東《ひがし》の空《そら》に昇《のぼ》り、昼《ひる》には南《みなみ》の空《そら》を通《とお》って、夕方《ゆうがた》には西《にし》の空《そら》に沈《しず》んでいきます。そのため、東側《ひがしがわ》にある国《くに》ほど、太《たい》陽《よう》が昇《のぼ》る時刻《じこく》は早《はや》くなります。日本《にほん》は隋《ずい》（中国《ちゅうごく》）よりも東側《ひがしがわ》にあるので、隋《ずい》よりも先《さき》に太陽《たいよう》が昇《のぼ》ります。隋《ずい》は大《おお》きい国《くに》なので、場所《ばしょ》によっても変《か》わりますが、隋《ずい》の都《みやこ》での日《ひ》の出《で》の時刻《じこく》は、日《に》本《ほん》の奈良《なら》よりも1時間半《じかんはん》～2時《じ》間《かん》くらい遅《おそ》くなります。

## 日《ひ》の出《で》の時刻《じこく》

東京《とうきょう》、大阪《おおさか》、福岡《ふくおか》の日《ひ》の出《で》の時刻《じこく》をくらべてみましょう。西《せい》暦《れき》2020年《ねん》元《がん》旦《たん》の日《ひ》の出《で》は、東京《とうきょう》では6時《じ》50分《ぷん》、大阪《おおさか》では7時《じ》4分《ぷん》、福岡《ふくおか》では7時《じ》22分《ふん》でした。東側《ひがしがわ》にある東京《とうきょう》では日《ひ》の出《で》が早《はや》く、西側《にしがわ》にある福《ふく》岡《おか》では日《ひ》の出《で》が遅《おそ》くなっています。日本《にほん》の中《なか》でも、太陽《たいよう》は東側《ひがしがわ》ほど早《はや》く昇《のぼ》るのです。また、日《ひ》の出《で》が早《はや》い東側《ひがしがわ》ほど、太陽《たいよう》が沈《しず》む日《ひ》の入《い》りも早《はや》くなります。

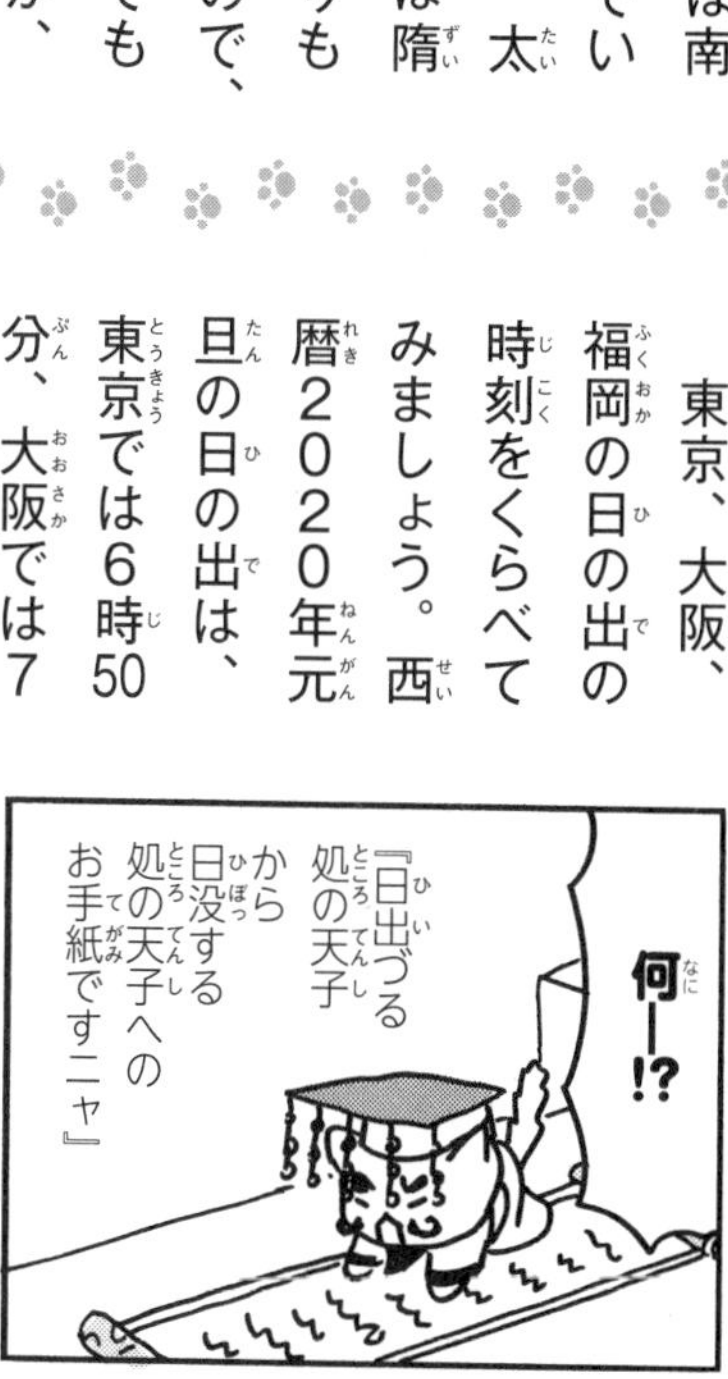

## 太陽《たいよう》が作《つく》る影《かげ》

地面《じめん》に棒《ぼう》を立《た》てると、太陽《たいよう》の光《ひかり》が当《あ》たらないところに棒《ぼう》の影《かげ》ができます。朝《あさ》には太《たい》陽《よう》が東《ひがし》の空《そら》にあるので、棒《ぼう》の影《かげ》は西側《にしがわ》にできます。太陽《たいよう》が時間《じかん》とともに移動《いどう》していくため、棒《ぼう》の影《かげ》は、昼《ひる》には北側《きたがわ》にでき、夕方《ゆうがた》には東側《ひがしがわ》にできます。

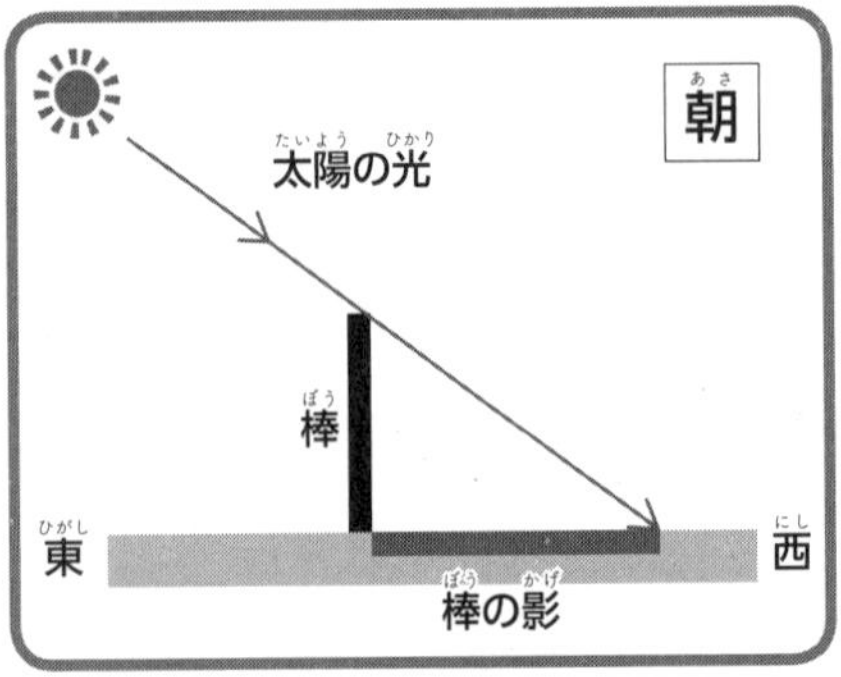
朝《あさ》
太陽《たいよう》の光《ひかり》
棒《ぼう》
東《ひがし》
西《にし》
棒《ぼう》の影《かげ》

影《かげ》は太陽《たいよう》と反対方向《はんたいほうこう》にできるニャ！

## 地球《ちきゅう》の回転《かいてん》

太陽《たいよう》は東《ひがし》の空《そら》から昇《のぼ》り、西《にし》の空《そら》へ沈《しず》んでいくので、私《わたし》たちには太陽《たいよう》が動《うご》いているように見《み》えますが、実《じつ》は太陽《たいよう》が動《うご》いているのではなく、地球《ちきゅう》が動《うご》いているのです。

電車《でんしゃ》に乗《の》って窓《まど》の外《そと》を見《み》ると、外《そと》の景色《けしき》が動《うご》いていくように、動《うご》いている私《わたし》たちから見《み》ると、止《と》まっているものでも動《うご》いているように見《み》えることがあります。太陽《たいよう》が1日《にち》に1回《かい》、私《わたし》たちのまわりを回《まわ》っているように見《み》えるのは、地球《ちきゅう》が1日《にち》に1回《かい》だけ回《かい》転《てん》しているからです。このような地球《ちきゅう》の動《うご》きを**自転**《じてん》といいます。地球《ちきゅう》の回転《かいてん》の軸《じく》は、北極《ほっきょく》と南極《なんきょく》を通《とお》る位置《いち》にあり、**地軸**《ちじく》といいます。

## 自転《じてん》の向《む》き

なぜ日《ひ》の出《で》の時刻《じこく》は、東側《ひがしがわ》の方《ほう》が早《はや》いのでしょうか？　それは、地球《ちきゅう》の北極側《ほっきょくがわ》から見《み》ると、地球《ちきゅう》は反時計回《はんとけいまわ》りに（西《にし》から東《ひがし》へ）回転《かいてん》しているからです。そのため、東《ひがし》側《がわ》ほど先《さき》に太陽《たいよう》の光《ひかり》が当《あ》たるようになるのです。下《した》の図《ず》のように、東側《ひがしがわ》にある日本《にほん》では、太陽《たいよう》の光《ひかり》が当《あ》たって朝《あさ》になっていますが、西側《にしがわ》にある中国《ちゅうごく》では、太陽《たいよう》の光《ひかり》が当《あ》たっていないので、まだ夜明《よあ》け前《まえ》なのです。

一方《いっぽう》で、日《ひ》の入《い》りの時刻《じこく》も東側《ひがしがわ》の方《ほう》が早《はや》くなります。地球《ちきゅう》の自転《じてん》によって、東側《ひがしがわ》ほど先《さき》に太陽《たいよう》の光《ひかり》が当《あ》たらなくなるからです。日本《にほん》が夜《よる》になっていても、中国《ちゅうごく》ではまだ太《たい》陽《よう》が沈《しず》んでいないことがあります。

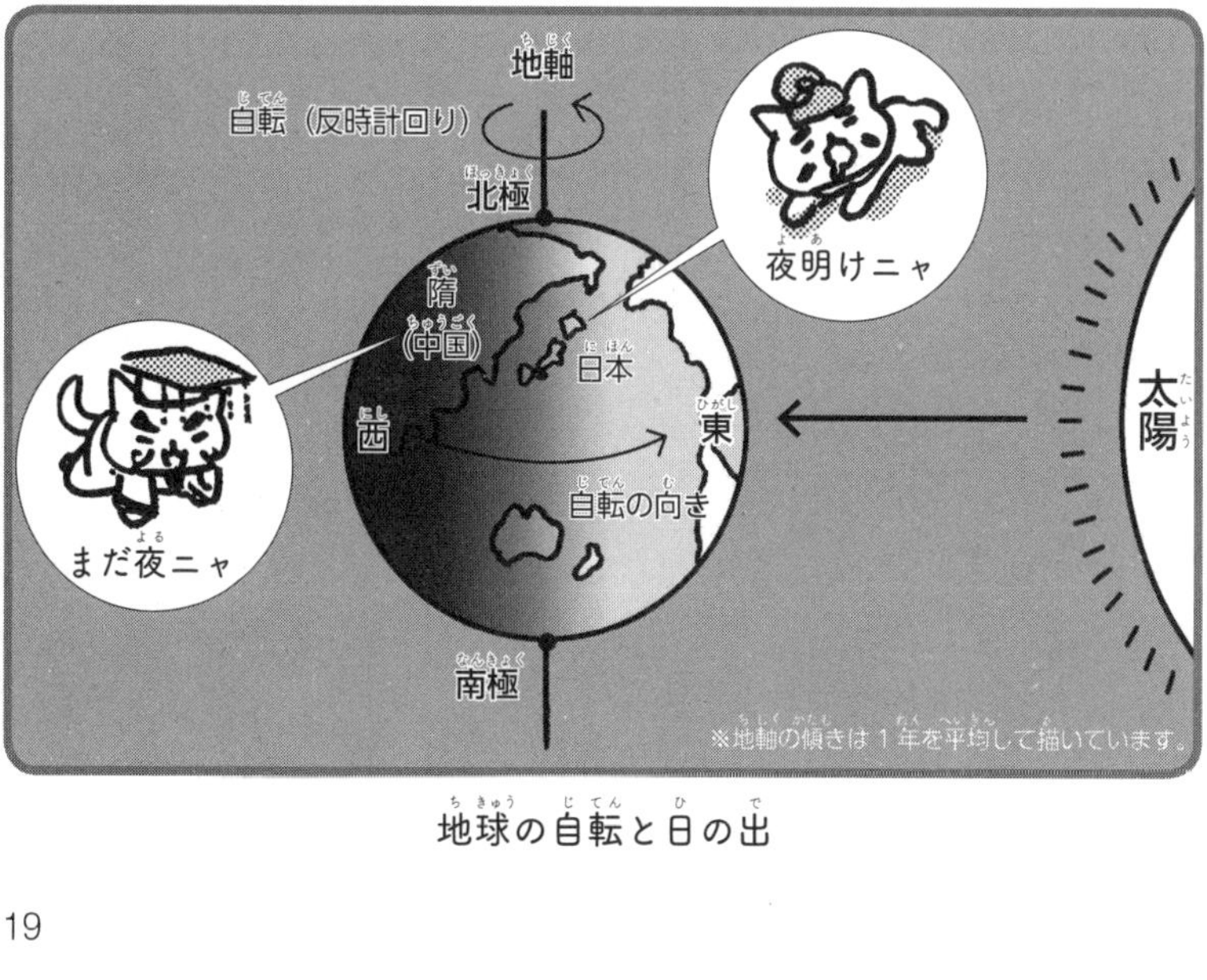
地軸《ちじく》
自転《じてん》（反時計回り）
北極《ほっきょく》
夜明《よあ》けニャ
隋《ずい》
（中国《ちゅうごく》）
日本《にほん》
西《にし》
東《ひがし》
太陽《たいよう》
自転《じてん》の向《む》き
まだ夜《よる》ニャ
南極《なんきょく》
※地軸《ちじく》の傾《かたむ》きは１年を平均《へいきん》して描《えが》いています。

地球《ちきゅう》の自転《じてん》と日《ひ》の出《で》

【日本《にほん》の歴史《れきし》の始《はじ》まり】

# 氷河《ひょうが》時代《じだい》

氷河《ひょうが》とは何《なに》かニャ？
寒《さむ》い時代《じだい》の海面《かいめん》はどうなるのかニャ？

案内役《あんないやく》は
**日本人《にほんじん》のご先祖様《せんぞさま》**
時代《じだい》 数万年前《すうまんねんまえ》

### 大陸《たいりく》からやってきた日本人《にほんじん》のご先祖様《せんぞさま》

日本人《にほんじん》のご先祖様《せんぞさま》は、ユーラシア大陸《たいりく》からやってきました。旧石器時代《きゅうせっきじだい》には、日本列島《にほんれっとう》は大陸《たいりく》とつながっていたときがありました。その頃《ころ》、まず大《おお》型動物《がたどうぶつ》が日本列島《にほんれっとう》にやってきて、それを追《お》うように人々《ひとびと》がやってきたと考《かんが》えられています。

## 動《うご》いている「氷河《ひょうが》」

旧石器時代《きゅうせっきじだい》の日本《にほん》はとても寒《さむ》い時代《じだい》でした。このような時代《じだい》の陸地《りくち》は、氷《こおり》でおおわれることがあります。

陸上《りくじょう》の氷《こおり》の塊《かたまり》は、高《たか》いところから低《ひく》いところへ、ゆっくりと動《うご》くことがあります。

このように動《うご》いている氷《こおり》の塊《かたまり》を**氷河《ひょうが》**といいます。特《とく》に、大《たい》陸《りく》に広《ひろ》がった氷河《ひょうが》を**大陸氷河《たいりくひょうが》**（氷床《ひょうしょう》）といい、山地《さんち》の高《たか》いところにできた氷河《ひょうが》を**山岳氷河《さんがくひょうが》**といいます。

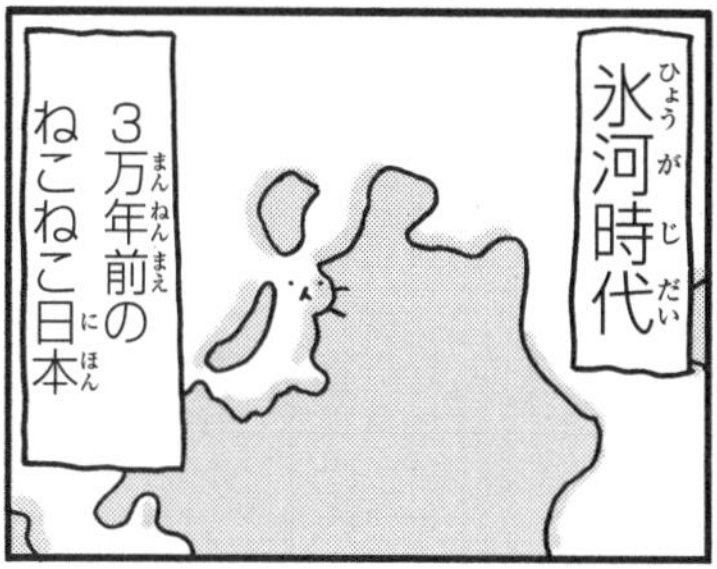


## 今《いま》も続《つづ》く「氷河時代《ひょうがじだい》」

**氷河時代《ひょうがじだい》**とは、陸上《りくじょう》に広大《こうだい》な氷河《ひょうが》が存在《そんざい》する時代《じだい》です。すでに日本列島《にほんれっとう》に人《ひと》が存在《そんざい》していた約《やく》3万年前《まんねんまえ》はとても寒《さむ》い時代《じだい》であり、広大《こうだい》な氷河《ひょうが》がありました。現在《げんざい》も、南極大陸《なんきょくたいりく》やグリーンランド（北極海《ほっきょくかい》と大西洋《たいせいよう》の間《あいだ》にある世界最大《せかいさいだい》の島《しま》）には陸地《りくち》をおおうように氷河《ひょうが》が広《ひろ》がっていますので、氷河《ひょうが》時代《じだい》になります。現在《げんざい》の氷河時代《ひょうがじだい》は、今《いま》から約《やく》258万年前《まんねんまえ》からずっと続《つづ》いています。

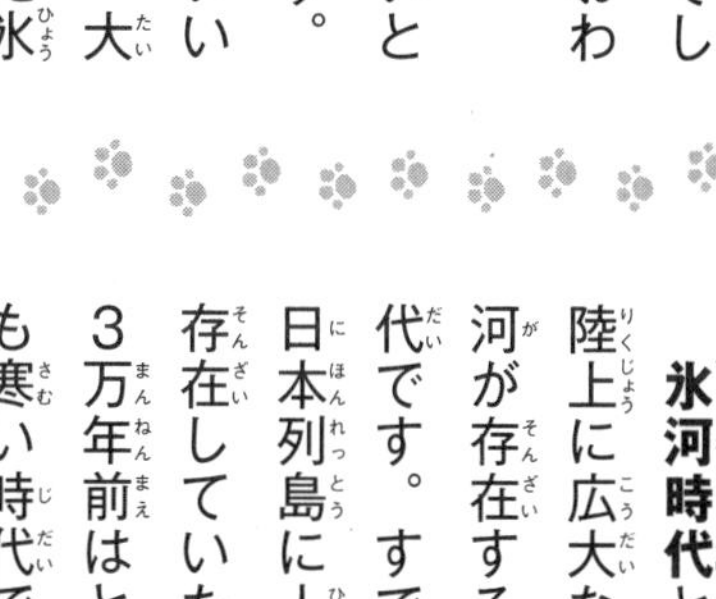

## とても寒《さむ》い「氷期《ひょうき》」

氷河《ひょうが》時代《じだい》の中《なか》でも、特《とく》に寒《さむ》い時代《じだい》を**氷期**《ひょうき》といいます。また、氷期《ひょうき》よりは暖《あたた》かい時代《じだい》を**間氷期**《かんぴょうき》といいます。現在《げんざい》は間氷期《かんぴょうき》になります。

地球《ちきゅう》の歴史《れきし》では、今《いま》から約《やく》２５８万年前《まんねんまえ》よりも新《あたら》しい時代《じだい》を**第四紀**《だいよんき》といいます。第《だい》四紀《よんき》のうち、約《やく》１万年前《まんねんまえ》よりも古《ふる》い時代《じだい》を**更新世**《こうしんせい》といい、約《やく》１万年前《まんねんまえ》よりも新《あたら》しい時《じ》代《だい》を**完新世**《かんしんせい》といいます。

更新世《こうしんせい》には何回《なんかい》も氷期《ひょうき》がありました。そのうち、約《やく》７万年前《まんねんまえ》に始《はじ》まり、約《やく》１万年前《まんねんまえ》に終《お》わった氷期《ひょうき》を**最終氷期**《さいしゅうひょうき》といいます。すなわち、最終氷期《さいしゅうひょうき》が終《お》わった後《あと》の時代《じだい》が完《かん》新世《しんせい》になります。

更新世《こうしんせい》の中《なか》でも約《やく》77.4万《まん》～12.9万年前《まんねんまえ》をチバニャン…じゃなくて「チバニアン」というニャ!!

| 日本《にほん》の歴史《れきし》 | 地球《ちきゅう》の歴史《れきし》 |
|---|---|
| 昭和《しょうわ》・平成《へいせい》・令和《れいわ》 | 完新世《かんしんせい》 |
| 明治《めいじ》・大正《たいしょう》 | |
| 江戸《えど》 | |
| 安土桃山《あづちももやま》 | |
| 室町《むろまち》 | |
| 鎌倉《かまくら》 | |
| 奈良《なら》・平安《へいあん》 | |
| 弥生《やよい》・古墳《こふん》・飛鳥《あすか》 | |
| 縄文時代《じょうもんじだい》 | |
| 旧石器時代《きゅうせっきじだい》 | 更新世《こうしんせい》 |

約《やく》500年前《ねんまえ》

約《やく》1000年前《ねんまえ》

約《やく》1万年前《まんねんまえ》

約《やく》258万年前《まんねんまえ》

更新世《こうしんせい》には氷期《ひょうき》が何回《なんかい》もあったニャ!!

日本《にほん》の歴史《れきし》と地球《ちきゅう》の歴史《れきし》

## 水《みず》の循環《じゅんかん》

地球上《ちきゅうじょう》の水《みず》は、水蒸気《すいじょうき》や氷《こおり》に変化《へんか》することがあります。特《とく》に、水《みず》が水蒸気《すいじょうき》になることを**蒸発**《じょうはつ》といい、水蒸気《すいじょうき》が水《みず》になることを**凝結**《ぎょうけつ》または**凝縮**《ぎょうしゅく》といいます。

海《うみ》の水《みず》は、蒸発《じょうはつ》して水蒸気《すいじょうき》になり、その後《ご》、空気中《くうきちゅう》の水蒸気《すいじょうき》が水《みず》や氷《こおり》に変化《へんか》すると、雨《あめ》や雪《ゆき》として降《ふ》ってくることがあります。

陸上《りくじょう》に降《ふ》った雨《あめ》は、川《かわ》の水《みず》となり、再《ふたた》び海《うみ》に戻《もど》ってきます。このように、水《みず》が地球上《ちきゅうじょう》をひとまわりして、元《もと》の場所《ばしょ》に戻《もど》ってくることを水《みず》の循環《じゅんかん》といいます。

氷期《ひょうき》のような寒《さむ》い時代《じだい》に、陸上《りくじょう》に雪《ゆき》が降《ふ》った場合《ばあい》は、積《つ》もった雪《ゆき》がかたまって氷《こおり》となるので、陸上《りくじょう》には氷河《ひょうが》が広《ひろ》がります。

## 寒《さむ》い時代《じだい》の海面《かいめん》の変化《へんか》

氷期《ひょうき》のような寒《さむ》い時代《じだい》に、陸上《りくじょう》に広《ひろ》がった氷河《ひょうが》は、もとは海《うみ》の水《みず》でした。そのため、陸上《りくじょう》に氷河《ひょうが》が広《ひろ》がると、海《うみ》の水《みず》が少《すく》なくなって、海面《かいめん》が低下《ていか》します。氷期《ひょうき》の中《なか》でも特《とく》に寒《さむ》かった今《いま》から約《やく》1万《まん》8000年《ねん》前《まえ》には、陸地《りくち》に大《おお》きな氷河《ひょうが》が広《ひろ》がり、海面《かいめん》が今《いま》より120mも低下《ていか》していました。

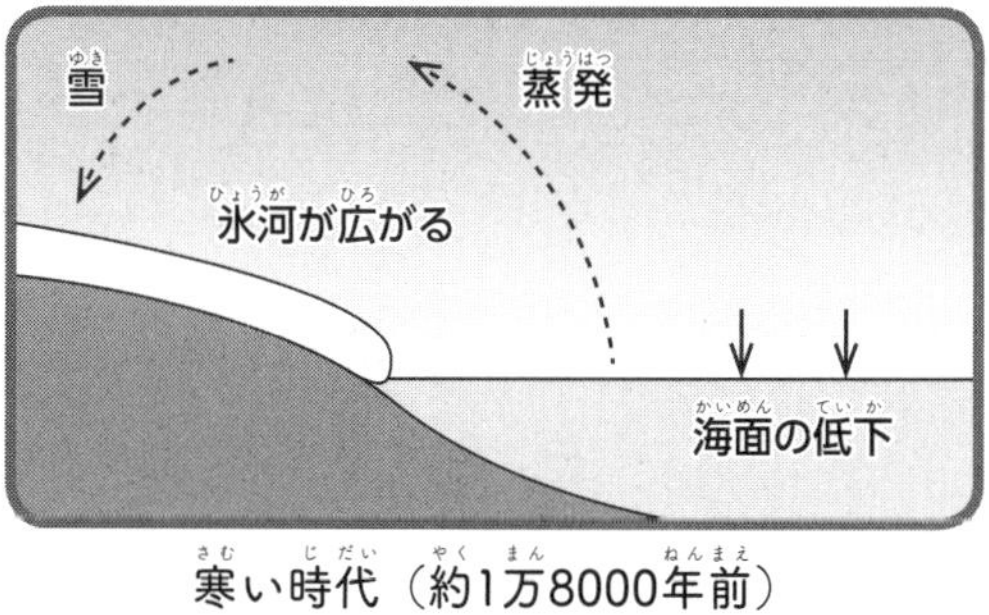


寒《さむ》い時代《じだい》（約《やく》1万《まん》8000年前《ねんまえ》）

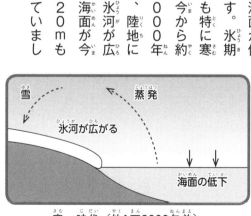

# 【旧石器時代人《きゅうせっきじだいじん》を支《ささ》えた】大型動物《おおがたどうぶつ》

旧石器時代《きゅうせっきじだい》の日本列島《にほんれっとう》には、どのような動物《どうぶつ》がいたのパオ？

大型動物《おおがたどうぶつ》はいつ日本列島《にほんれっとう》にやってきたのパオ？

## 氷期《ひょうき》にやってきたマンモス

約《やく》400万年前《まんねんまえ》から生息《せいそく》していたマンモスは，日本列島《にほんれっとう》とユーラシア大陸《たいりく》がつながっていた氷河時代《ひょうがじだい》に、大陸《たいりく》から日本《にほん》へやってきました。日本《にほん》では北海道《ほっかいどう》で多《おお》くの骨《ほね》や歯《は》などが見《み》つかっています。日本《にほん》のマンモスは，約《やく》5万《まん》〜2万年前《まんねんまえ》に生息《せいそく》していました。

案内役《あんないやく》は
**マンモス先生《せんせい》**
**時代** 約《やく》400万《まん》〜2万年前《まんねんまえ》
（諸説《しょせつ》あり）

## 大陸《たいりく》からやってきた動物《どうぶつ》たち

氷河時代《ひょうがじだい》の中《なか》でも特《とく》に寒《さむ》い**氷期《ひょうき》**には、海面《かいめん》が下《さ》がって、日本列島《にほんれっとう》が大陸《たいりく》とつながっていました。完全《かんぜん》に陸続《りくつづ》きになっていなくても、海面《かいめん》の一部《いちぶ》が凍結《とうけつ》していれば、動物《どうぶつ》たちは海《うみ》を越《こ》えることができます。このようなときに、オオツノジカ、ヘラジカ、ナウマンゾウ、マンモスなどが、大陸《たいりく》から日本列島《にほんれっとう》へやってきたのです。大型動物《おおがたどうぶつ》は海《うみ》を泳《およ》いでくることはできませんよね。

マンモスや
ヘラジカ
マンモス
オオツノジカ
ヘラジカ
ナウマンゾウ
ナウマンゾウやオオツノジカの毛皮《けがわ》

ユーラシア大陸《たいりく》
日本海《にほんかい》
太平洋《たいへいよう》
現在《げんざい》の海岸線《かいがんせん》
最終氷期《さいしゅうひょうき》の海岸線《かいがんせん》

最終氷期《さいしゅうひょうき》の日本列島《にほんれっとう》

最終氷期《さいしゅうひょうき》には
海面《かいめん》が下《さ》がって
陸地《りくち》が広《ひろ》がったニャ!!

## オオツノジカ

旧石器時代《きゅうせっきじだい》の日本列島《にほんれっとう》には、大《おお》きなツノをもつオオツノジカが生息《せいそく》していました。旧石器時代《きゅうせっきじだい》の人《ひと》たちは、食料《しょくりょう》を得《え》るために、オオツノジカを狩《か》りの対象《たいしょう》にしていました。陸地《りくち》に積《つ》もった雪《ゆき》が天然《てんねん》の冷蔵庫《れいぞうこ》になりますので、肉《にく》の保存《ほぞん》には困《こま》らなかったことでしょう。オオツノジカは絶滅《ぜつめつ》してしまいましたが、シカの仲間《なかま》は現在《げんざい》も日本各《にほんかく》地《ち》に生息《せいそく》しています。

フミャー
バシ
ビシ
フミャー
手《て》に入《い》れるのは
超大変《ちょうたいへん》だけどね

## ナウマンゾウ

ナウマンゾウは、約《やく》40万年前《まんねんまえ》から生息《せいそく》しているゾウのなかまで、旧石器時代《きゅうせっきじだい》の日本《にほん》列島《れっとう》にも生息《せいそく》していました。明治時代《めいじじだい》に日《に》本《ほん》に来《き》ていたドイツ人《じん》のナウマン博士《はかせ》によって研究《けんきゅう》されました。

ナウマンゾウの骨《ほね》は、日本列島《にほんれっとう》のさまざまな場所《ばしょ》から見《み》つかっていて、長野県《ながのけん》の野《の》尻湖《じりこ》では、約《やく》4万年前《まんねんまえ》のナウマンゾウの骨《ほね》や歯《は》などが見《み》つかっています。また、瀬戸《せと》内海《ないかい》の海底《かいてい》から発見《はっけん》されたこともあります。旧石器時代《きゅうせっきじだい》の中《なか》でも特《とく》に寒《さむ》いときには、海《かい》面《めん》が下《さ》がって、瀬戸内海《せとないかい》も陸地《りくち》になっていましたので、ナウマンゾウが移動《いどう》してくることができたと考《かんが》えられます。

## 石《いし》で作《つく》った道具《どうぐ》（石器《せっき》）の利用《りよう》

ナウマンゾウの骨《ほね》が見《み》つかる場所《ばしょ》からは、石器《せっき》が出《で》てくることもあります。このことから、旧石器時代《きゅうせっきじだい》の人《ひと》たちとナウマンゾウとのかかわりが見《み》えてきます。旧石器時代《きゅうせっきじだい》の人《ひと》たちは、狩《か》りでしとめたナウマンゾウを、石器《せっき》を使《つか》って解体《かいたい》し、食料《しょくりょう》などを手《て》に入《い》れていました。

毛皮《けがわ》が厚《あつ》くて
肉《にく》までたどり
つかない
もむ
もむ
もむ

約《やく》3万年前《まんねんまえ》の日《に》本列島《ほんれっとう》で使《つか》われていた石器《せっき》は**打《だ》製石器《せいせっき》**といいます。これは石《いし》を打《う》ち砕《くだ》いて作《つく》られた道具《どうぐ》です。

## ナウマンゾウの毛皮《けがわ》

ナウマンゾウの毛皮《けがわ》はとても厚《あつ》く、防寒《ぼうかん》対策《たいさく》はバッチリでした。まさに毛皮《けがわ》のコートを着《き》たゾウなのです。

旧石器時代《きゅうせっきじだい》の人《ひと》たちが毛皮《けがわ》の厚《あつ》いナウマンゾウをかみついて解体《かいたい》するのは難《むず》しかったため、石器《せっき》などの道具《どうぐ》を使《つか》って解体《かいたい》していました。

ぬく♪
じゃーん
ぬく
ぬく♪
みんな
毛皮《けがわ》を着《き》て
いるから

このようにして手《て》に入《い》れたナウマンゾウの毛《け》皮《がわ》は、旧石器時《きゅうせっきじ》代《だい》の人《ひと》たちの服《ふく》などに利用《りよう》されていました。

【縄文時代《じょうもんじだい》の様子《ようす》がわかる】

# 貝塚《かいづか》

貝塚《かいづか》とは
何《なに》かニャ？

暖《あたた》かい時代《じだい》の
海面《かいめん》は
どうなるかニャ？

### 貝塚《かいづか》を作《つく》った
### 縄文人《じょうもんじん》

縄文時代《じょうもんじだい》は、今《いま》から約《やく》1万《まん》3000年前《ねんまえ》に始《はじ》まり、約《やく》2500年前《ねんまえ》までの時代《じだい》です。この時代《じだい》の人《ひと》を縄文人《じょうもんじん》といいます。縄文時代《じょうもんじだい》には、縄文土器《じょうもんどき》が使《つか》われるようになり、縄文人《じょうもんじん》は竪穴住居《たてあなじゅうきょ》で暮《く》らすようになりました。山《やま》で狩《か》りをしたり、海《うみ》で貝《かい》を捕《と》ったりして、生活《せいかつ》していました。

案内役《あんないやく》は
**縄《じょう》文《もん》人《じん》**
時代《じだい》 約《やく》1万《まん》3000～2500年前《ねんまえ》
(諸説《しょせつ》あり)

## 縄文《じょうもん》時代《じだい》の気候《きこう》

今《いま》から約《やく》2万年前《まんねんまえ》の旧石器時代《きゅうせっきじだい》は、最終《さいしゅう》氷期《ひょうき》の中《なか》でも特《とく》に寒《さむ》い時代《じだい》でしたが、約《やく》1万《まん》3000年前《ねんまえ》に始《はじ》まる縄文時代《じょうもんじだい》の初《はじ》め頃《ごろ》には、少《すこ》しずつ暖《あたた》かくなり始《はじ》めました。そして、約《やく》1万年前《まんねんまえ》に**最終氷期**《さいしゅうひょうき》が終《お》わって、その後《ご》は暖《あたた》かい時代《じだい》が続《つづ》きました。特《とく》に、今《いま》から約《やく》8000~6000年《ねん》前《まえ》の日本《にほん》の平均《へいきん》気温《きおん》は、今《いま》とくらべると5℃くらい高《たか》かったと考《かんが》えられています。

食《た》べる
おいしいニャー
おいしいニャー

## 縄文人《じょうもんじん》の生活《せいかつ》がわかる「貝塚《かいづか》」

**貝塚**《かいづか》とは、縄《じょう》文時代《もんじだい》の人《ひと》たちが捨《す》てていた貝《かい》殻《がら》が積《つ》み重《かさ》なったものです。日《に》本《ほん》には約《やく》2500の貝塚《かいづか》があり、特《とく》に千葉県《ちばけん》に多《おお》く集《あつ》まっています。千葉市《ちばし》の加曽利貝塚《かそりかいづか》など、国《くに》の特別史跡《とくべつしせき》（歴史的《れきしてき》に価値《かち》の高《たか》いもの）に指定《してい》されているものもあります。貝《かい》塚《づか》からは土器《どき》や縄文人《じょうもんじん》の骨《ほね》などが見《み》つかることもあり、当時《とうじ》の生活《せいかつ》を知《し》る手《て》がかりにもなります。

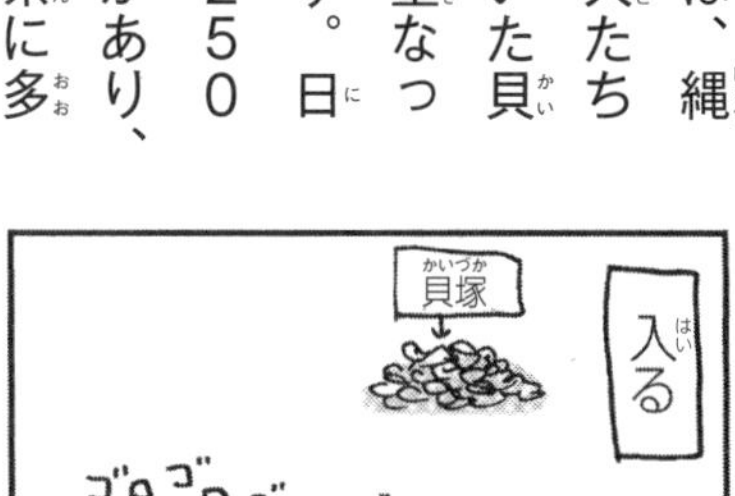
入《はい》る
貝塚《かいづか》
ゴロゴロゴロ
ゴロゴロ

## 関東地方《かんとうちほう》の貝塚《かいづか》の分布《ぶんぷ》

縄文時代《じょうもんじだい》の人《ひと》たちは、海《うみ》で採《と》ってきた貝《かい》などを食《た》べ、貝殻《かいがら》を住《す》んでいた場所《ばしょ》の近《ちか》くに捨《す》てていました。その場所《ばしょ》が**貝塚《かいづか》**として今《いま》に残《のこ》っています。貝塚《かいづか》は、現在《げんざい》の海岸付《かいがんふ》近《きん》だけでなく、海《うみ》から遠《とお》い関東平野《かんとうへいや》の内陸《ないりく》にもたくさんあります。このことから、縄《じょう》文時代《もんじだい》の海《うみ》は内陸《ないりく》まで侵入《しんにゅう》していたと考《かんが》えられています。縄文時代《じょうもんじだい》の人《ひと》たちが海《うみ》から遠《とお》い内陸《ないりく》まで、貝殻《かいがら》を捨《す》てにいくとは考《かんが》えられませんよね。関東平野《かんとうへいや》は、土地《とち》が低《ひく》いところが多《おお》く、特《とく》に、利根川《とねがわ》、江戸川《えどがわ》、荒《あら》川《かわ》の周囲《しゅうい》は、土地《とち》が低《ひく》くなっています。このような場所《ばしょ》は、海面《かいめん》が高《たか》くなると、海《うみ》に沈《しず》んでしまうこともあるのです。

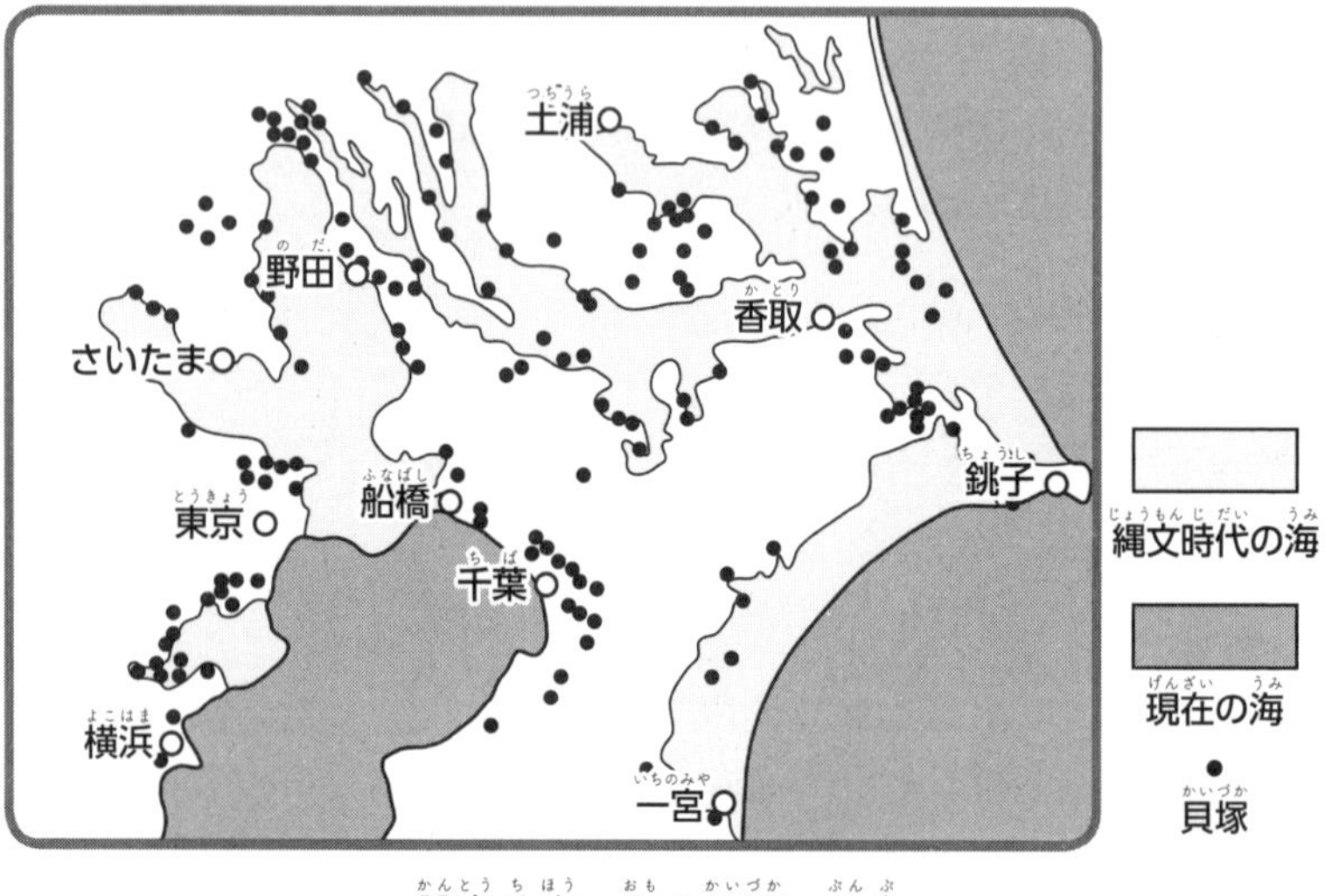
土浦《つちうら》
野田《のだ》
香取《かとり》
さいたま
船橋《ふなばし》
東京《とうきょう》
銚子《ちょうし》
千葉《ちば》
横浜《よこはま》
一宮《いちのみや》
縄文時代《じょうもんじだい》の海《うみ》
現在《げんざい》の海《うみ》
貝塚《かいづか》

関東地方《かんとうちほう》の主《おも》な貝塚《かいづか》の分布《ぶんぷ》

## 暖《あたた》かい時代《じだい》の海面《かいめん》の変化《へんか》

氷期《ひょうき》が終《お》わった後《あと》の暖《あたた》かい時代《じだい》には、陸《りく》上《じょう》の氷河《ひょうが》が融《と》けて、水《みず》が海《うみ》に流《なが》れ込《こ》むため、海面《かいめん》が上昇《じょうしょう》します。今《いま》から約《やく》6000年前《ねんまえ》の縄文時代《じょうもんじだい》は、特《とく》に暖《あたた》かい時代《じだい》でしたので、陸《りく》上《じょう》の氷河《ひょうが》は融《と》けて少《すく》なくなり、その水《みず》が海《うみ》に流《なが》れこんで海面《かいめん》は大《おお》きく上昇《じょうしょう》し、今《いま》よりも数《すう》メートル高《たか》くなっていました。

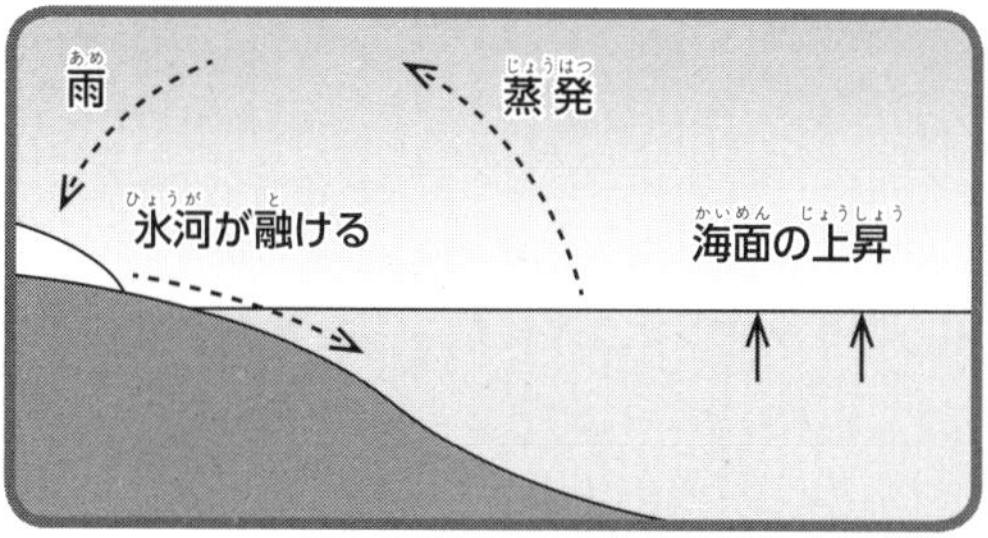
雨《あめ》
蒸発《じょうはつ》
氷河《ひょうが》が融《と》ける
海面《かいめん》の上昇《じょうしょう》

暖《あたた》かい時代《じだい》（約《やく》6000年前《ねんまえ》）

## 陸地《りくち》が海《うみ》になる「縄文海進《じょうもんかいしん》」

海面《かいめん》が高《たか》くなり、海《うみ》が内陸《ないりく》まで侵入《しんにゅう》してくることを**海進《かいしん》**といいます。約《やく》8000～6000年前《ねんまえ》の関東地方《かんとうちほう》では、海面《かいめん》が今《いま》よりも数《すう》メートル高《たか》く、内陸《ないりく》まで海水《かいすい》が進入《しんにゅう》していました。このときの海水《かいすい》の侵入《しんにゅう》を**縄文海進《じょうもんかいしん》**といいます。みなさんが現在《げんざい》住《す》んでいる場所《ばしょ》も、縄文時代《じょうもんじだい》には海《うみ》だったところがあります。海水《かいすい》の侵入《しんにゅう》によって、縄文人《じょうもんじん》の生活《せいかつ》の場《ば》も内陸《ないりく》へ移動《いどう》したため、貝塚《かいづか》が内陸《ないりく》に形成《けいせい》されたのです。

ねこは海《うみ》には住《す》めないニャ!!

# 貝《かい》塚《づか》を見《けん》学《がく》しよう
## ——山《やま》崎《ざき》貝《かい》塚《づか》

千《ち》葉《ば》県《けん》野《の》田《だ》市《し》の山《やま》崎《ざき》貝《かい》塚《づか》は、東《とう》京《きょう》湾《わん》の海《かい》岸《がん》から約《やく》30㎞離《はな》れた内《ない》陸《りく》にあり、国《くに》の史《し》跡《せき》に指《し》定《てい》されています。山《やま》崎《ざき》貝《かい》塚《づか》は、今《いま》から約《やく》4000~3000年《ねん》前《まえ》の縄《じょう》文《もん》時《じ》代《だい》の貝《かい》塚《づか》です。ヤマトシジミ、オキシジミ、サルボウ貝《がい》、ハマグリ、アサリなどの貝《かい》殻《がら》、石《せっ》器《き》や土《ど》器《き》のかけらなどを観《かん》察《さつ》することができます。保《ほ》存《ぞん》のよい多《おお》くの貝《かい》殻《がら》が地《ち》表《ひょう》に現《あらわ》れていますので、とても観《かん》察《さつ》しやすい状《じょう》態《たい》になっています。

畑《はたけ》のように
見《み》えるけど、
貝塚《かいづか》ニャ！

白《しろ》い部分《ぶぶん》が
貝殻《かいがら》ニャ！

# ねこねこクイズ①

## 問題《もんだい》1

地球《ちきゅう》を縮小《しゅくしょう》した模型《もけい》を何《なん》という？

❶ 小地球《しょうちきゅう》
❷ 地球儀《ちきゅうぎ》
❸ 月球儀《げっきゅうぎ》

## 問題《もんだい》2

世界《せかい》で一番《いちばん》面積《めんせき》が広《ひろ》い国《くに》は？

❶ アメリカ
❷ ロシア
❸ 中国《ちゅうごく》

## 問題《もんだい》3

地球《ちきゅう》の陸《りく》と海《うみ》は、どちらのほうが広《ひろ》い？

❶ 陸《りく》
❷ 海《うみ》
❸ どちらも同《おな》じ

## 問題《もんだい》4

朝《あさ》に太陽《たいよう》が昇《のぼ》るのはどの方角《ほうがく》？

❶ 東《ひがし》
❷ 西《にし》
❸ 南《みなみ》

**問題《もんだい》5**

氷河《ひょうが》時代《じだい》の中《なか》でも特《とく》に寒《さむ》い時代《じだい》を何《なん》という？

❶ 寒気《かんき》
❷ 雨期《うき》
❸ 氷期《ひょうき》

**問題《もんだい》6**

最終《さいしゅう》氷期《ひょうき》が終《お》わったのは今《いま》から何《なん》万年《まんねん》前《まえ》？

❶ 約《やく》1万年《まんねん》前《まえ》
❷ 約《やく》3万年《まんねん》前《まえ》
❸ 約《やく》7万年《まんねん》前《まえ》

**問題《もんだい》7**

マンモスはどうやって日《に》本《ほん》列《れっ》島《とう》へやってきた？

❶ 陸《りく》を歩《ある》いて
❷ 空《そら》を飛《と》んで
❸ 海《うみ》を泳《およ》いで

**問題《もんだい》8**

暖《あたた》かい時代《じだい》は、寒《さむ》い時代《じだい》とくらべると海面《かいめん》の高《たか》さはどうなる？

❶ 高《たか》くなる
❷ 低《ひく》くなる
❸ 変《か》わらない

# 答《こた》え

## 答《こた》え1

❷

地球《ちきゅう》を縮小《しゅくしょう》した模型《もけい》を地球儀《ちきゅうぎ》といいます。月《つき》の模型《もけい》である月球儀《げっきゅうぎ》もあります。

## 答《こた》え2

❷

世界《せかい》で1番面積《ばんめんせき》が広《ひろ》い国《くに》はロシアです。2番目《ばんめ》がカナダ、3番目《ばんめ》がアメリカです。

## 答《こた》え3

❷

海《うみ》は地球《ちきゅう》の表面《ひょうめん》の約《やく》70%、陸《りく》は約《やく》30%です。海《うみ》は陸《りく》の2倍以上《ばいいじょう》の広《ひろ》さです。

## 答《こた》え4

❶

太陽《たいよう》は朝《あさ》に東《ひがし》の空《そら》に昇《のぼ》り、昼《ひる》に南《みなみ》の空《そら》を通《とお》って、夕方《ゆうがた》に西《にし》の空《そら》に沈《しず》みます。

## 答《こた》え5

❸

氷河時代《ひょうがじだい》の中《なか》でも特《とく》に寒《さむ》い時代《じだい》を氷期《ひょうき》といい、比較的《ひかくてき》暖《あたた》かい時代《じだい》を間氷期《かんぴょうき》といいます。

## 答《こた》え6

❶

最終氷期《さいしゅうひょうき》は、今《いま》から約《やく》7万年前《まんねんまえ》に始《はじ》まり、約《やく》1万年前《まんねんまえ》に終《お》わりました。

## 答《こた》え7

❶

マンモスなどの大型動物《おおがたどうぶつ》は、海面《かいめん》が下《さ》がり、大陸《たいりく》と日本《にほん》がつながっていたときに歩《ある》いてきました。

## 答《こた》え8

❶

暖《あたた》かくなると、陸上《りくじょう》の氷《こおり》が融《と》けて、水《みず》が海《うみ》に流《なが》れ込《こ》み、海面《かいめん》の高《たか》さが高《たか》くなります。

# 第《だい》二《に》章《しょう》　火《か》山《ざん》の活《かつ》動《どう》編《へん》

【火《か》山《ざん》が活《かつ》動《どう》して起《お》こる】

# 火《か》山《ざん》噴《ふん》火《か》

活《かつ》火《か》山《ざん》とは何《なに》かニャ？

溶《よう》岩《がん》とは何《なに》かニャ？

**浅間山《あさまやま》の噴火《ふんか》で終《お》わった**
**田沼時代《たぬまじだい》（江戸時代中期《えどじだいちゅうき》）**

田沼意次《たぬまおきつぐ》が幕府《ばくふ》の中心《ちゅうしん》となって政治《せいじ》を動《うご》かしていた時代《じだい》（田沼《たぬま》時代《じだい》）に当《あ》たる、西暦《せいれき》1783年《ねん》、浅間山《あさまやま》の大噴火《だいふんか》が起《お》こりました。その影響《えいきょう》で農作物《のうさくもつ》が不作《ふさく》になり、お米《こめ》の価格《かかく》が上《あ》がりました。人々《ひとびと》は苦《くる》しい生活《せいかつ》を強《し》いられることになり、その批判《ひはん》が田《た》沼《ぬま》に集中《しゅうちゅう》したため、田沼《たぬま》の政策《せいさく》は失敗《しっぱい》に終《お》わりました。

**案《あん》内《ない》役《やく》は**
**田《た》沼《ぬま》意《おき》次《つぐ》先《せん》生《せい》**
**生没年《せいぼつねん》** 西暦《せいれき》1719～1788年《ねん》

## 活動中《かつどうちゅう》の火山《かざん》「活火山《かっかざん》」

世界《せかい》には約《やく》1500の活火山《かっかざん》があり、そのうち、日本《にほん》には約《やく》110の活火山《かっかざん》があります。**活火山《かっかざん》**とは、過去《かこ》1万年以内《まんねんいない》に噴火《ふんか》したことがある火山《かざん》です。最近《さいきん》は、九州《きゅうしゅう》の阿蘇山《あそさん》、桜島《さくらじま》、新燃岳《しんもえだけ》、口永良部島《くちのえらぶじま》などで、活発《かっぱつ》な火山活動《かざんかつどう》が続《つづ》いています。火山《かざん》は災《さい》害《がい》を引《ひ》き起《お》こすこともありますが、火山《かざん》の周辺《しゅうへん》には、温泉《おんせん》や美《うつく》しい景観《けいかん》ができ、多《おお》くの恩恵《おんけい》を人々《ひとびと》に与《あた》えてきました。

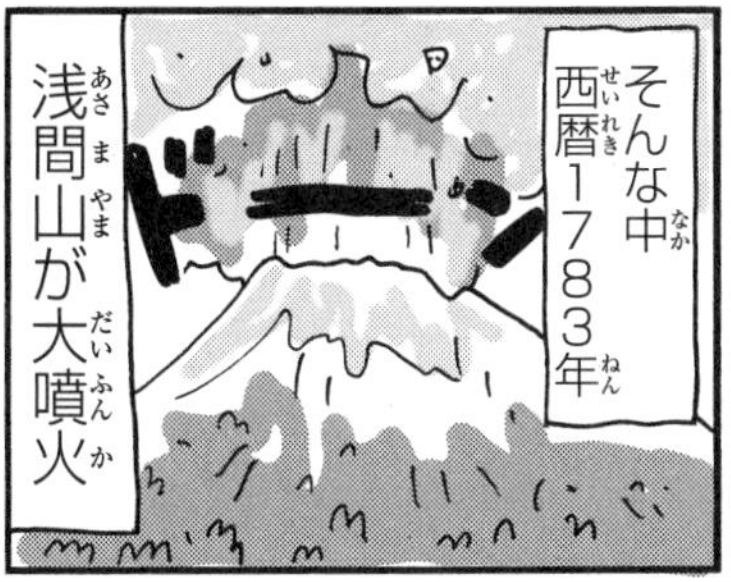
そんな中《なか》
西暦《せいれき》1783年《ねん》
ドーーン
浅間山《あさまやま》が大噴火《だいふんか》

## 活火山《かっかざん》の「浅間山《あさまやま》」

**浅間山《あさまやま》**は、群馬県《ぐんまけん》と長野県《ながのけん》の境《さかい》にある標高《ひょうこう》2568mの活火山《かっかざん》です。浅間山《あさまやま》は、1783年《ねん》の大噴火《だいふんか》だけでなく、過去《かこ》に何回《なんかい》も噴火《ふんか》をくり返《かえ》しました。気象庁《きしょうちょう》は、火山活動《かざんかつどう》の状況《じょうきょう》によって、噴火警戒《ふんかけいかい》レベルを5段階《だんかい》に分《わ》けて発表《はっぴょう》しています。レベルが高《たか》いほど危険《きけん》な状況《じょうきょう》となります。2019年《ねん》8月《がつ》に噴火《ふんか》したときには、レベル3が発表《はっぴょう》され、登山禁止《とざんきんし》や入山規制《にゅうざんきせい》となりました。

猫大《ねこだい》パニック
フミャー
フミャー
フミャー

## 鬼押出《おにおしだ》し溶岩《ようがん》

地下《ちか》の岩石《がんせき》が高温《こうおん》になって融《と》けたものを**マグマ**といい、マグマが地表《ちひょう》に出《で》たものを**溶岩**《ようがん》といいます。特《とく》に流《なが》れている溶岩《ようがん》は**溶**《よう》**岩流**《がんりゅう》といいます。

群馬県《ぐんまけん》の嬬恋村《つまごいむら》（浅間山《あさまやま》の北側《きたがわ》）には、1783年《ねん》の浅間山《あさまやま》の噴火《ふんか》で大量《たいりょう》に流出《りゅうしゅつ》した溶岩《ようがん》が広《ひろ》がっている地域《ちいき》があります。この溶岩《ようがん》を**鬼押出**《おにおしだ》**し溶岩**《ようがん》といいます。

下《した》の写真《しゃしん》の奥《おく》に見《み》える山《やま》が浅間山《あさまやま》であり、手前《てまえ》に見《み》える岩《いわ》の塊《かたまり》が鬼押出《おにおしだ》し溶岩《ようがん》です。鬼押出《おにおしだ》し溶岩《ようがん》は、とてもめずらしい形《かたち》をしていますので、溶岩《ようがん》が広《ひろ》がっている場所《ばしょ》は「鬼押出《おにおしだ》し園《えん》」という観光地《かんこうち》にもなっています。

浅間山《あさまやま》と鬼押出《おにおしだ》し溶岩《ようがん》

## 人々《ひとびと》を飲《の》みこんだ「土石《どせき》なだれ」

浅間山《あさまやま》の噴火《ふんか》によって、火口《かこう》から飛《と》ばされた大《おお》きな岩石《がんせき》は、山《やま》の麓《ふもと》の土石《どせき》を巻《ま》き込《こ》んで高速《こうそく》で流《なが》れ下《くだ》りました。この現象《げんしょう》を**土《ど》石《せき》なだれ**といいます。

　土石《どせき》なだれは、浅間山《あさまやま》の近《ちか》くにある鎌原《かんばら》村《むら》を襲《おそ》い、多《おお》くの村人《むらびと》が犠牲《ぎせい》となりました。村《むら》の人口《じんこう》は570人《にん》でしたが、村《むら》の高台《たかだい》にある鎌原観音堂《かんばらかんのんどう》の階段《かいだん》を駆《か》け上《あ》がった93人《にん》の村人《むらびと》だけが助《たす》かったといわれています。写真《しゃしん》の橋《はし》の下《した》には、かつて石段《いしだん》がありましたが、土石《どせき》なだれによって、50段《だん》あった石《いし》段《だん》のうち、35段《だん》が埋没《まいぼつ》してしまいました。階段《かいだん》の下《した》からは、逃《に》げ遅《おく》れた人《ひと》の骨《ほね》が見《み》つかっています。

鎌原観音堂《かんばらかんのんどう》の埋没石段《まいぼついしだん》

【火口《かこう》から出《で》てくる】

# 火山《かざん》噴出物《ふんしゅつぶつ》

火山《かざん》噴出物《ふんしゅつぶつ》には何《なに》があるのかニャ？
火山灰《かざんばい》とは何《なに》かニャ？

案内役《あんないやく》は
徳川家治《とくがわいえはる》先生《せんせい》
生没年《せいぼつねん》 西暦《せいれき》1737～1786年《ねん》

## 浅間山《あさまやま》の噴火《ふんか》が原因《げんいん》のひとつとなった「天明《てんめい》の大飢饉《だいききん》」

徳川家治《とくがわいえはる》が江戸幕府十代将軍《えどばくふじゅうだいしょうぐん》だった江戸時代《えどじだい》の中期《ちゅうき》（西暦《せいれき》1782年《ねん》）に、東北地方《とうほくちほう》を中心《ちゅうしん》に大規模《だいきぼ》な食料不足《しょくりょうぶそく》が起《お》きました。これを天明《てんめい》の大飢饉《だいききん》といいます。このときの食料不足《しょくりょうぶそく》で、全国《ぜんこく》で数十万人《すうじゅうまんにん》が亡《な》くなったと伝《つた》えられています。

この大飢饉《だいききん》の原因《げんいん》のひとつが、浅間山《あさまやま》の大噴火《だいふんか》でした。火山噴火《かざんふんか》によって放出《ほうしゅつ》された火山灰《かざんばい》が、農作物《のうさくもつ》に大《おお》きな被害《ひがい》をもたらしたのです。

## 3つの「火山噴出物《かざんふんしゅつぶつ》」

火山噴火《かざんふんか》によって、火口《かこう》から放出《ほうしゅつ》されたものを**火山噴出物《かざんふんしゅつぶつ》**といいます。火山噴出物《かざんふんしゅつぶつ》は、**火山《かざん》ガス**、**溶岩《ようがん》**、**火山砕屑物《かざんさいせつぶつ》**の3つに分《わ》けられます。このうち、火山砕屑物《かざんさいせつぶつ》とは、噴火《ふんか》によって火口《かこう》から放出《ほうしゅつ》された岩石《がんせき》の破片《はへん》です。火山砕屑物《かざんさいせつぶつ》には、火山灰《かざんばい》、火山弾《かざんだん》、軽石《かるいし》などがあります。また、火山《かざん》ガスの大部分《だいぶぶん》は水蒸気《すいじょうき》ですが、有毒《ゆうどく》なガスも少《すこ》し含《ふく》まれていますので気《き》をつけましょう。

そこら中《じゅう》が灰《はい》だらけになり米《こめ》が不作《ふさく》になった
天明《てんめい》の大飢饉《だいききん》
ねこ灰《はい》だらけ

## 降《ふ》り積《つ》もる「火山灰《かざんばい》」

火山砕屑物《かざんさいせつぶつ》のうち、大《おお》きさが2㎜以下《いか》のものを**火山灰《かざんばい》**といいます。火山灰《かざんばい》には、ガラスなども含《ふく》まれているため、吸《す》い込《こ》んでしまうと肺《はい》が傷《きず》つくこともあります。

1783年《ねん》の浅間山噴火《あさまやまふんか》では、火山灰《かざんばい》が数十《すうじゅっ》㎝も降《ふ》り積《つ》もったところもありました。また、上空《じょうくう》に吹《ふ》き上《あ》げられた火山灰《かざんばい》は、太陽《たいよう》の光《ひかり》をさえぎって、農作物《のうさくもつ》に大《おお》きな被害《ひがい》をもたらしました。

お米《こめ》がないから俸禄《ほうろく》はなしニャー
俸禄《ほうろく》＝
ガーン

## 飛《と》んでくる「火山弾《かざんだん》」

火山《かざん》の噴火《ふんか》によって、マグマの破片《はへん》が空《そら》に飛《と》ばされ、上空《じょうくう》で冷《ひ》えかたまって、落《お》ちてくることがあります。このようにして、火口《かこう》から飛《と》んできた大《おお》きな岩石《がんせき》を**火山弾《かざんだん》**といいます。

火山弾《かざんだん》には、直径《ちょっけい》が数《すう》㎝や数十《すうじゅっ》㎝のものがあり、火口《かこう》から飛《と》んでくると大変危険《たいへんきけん》です。２０１４年《ねん》に長野県《ながのけん》と岐阜県《ぎふけん》の境《さかい》にある御嶽山《おんたけさん》が噴火《ふんか》したときには、火山弾《かざんだん》によって死傷者《ししょうしゃ》が出《で》ています。

火口《かこう》から
岩石《がんせき》が
飛《と》んできたら
危《あぶ》ないニャ!!

## パン皮状《かわじょう》火山弾《かざんだん》

火山弾《かざんだん》にはいろいろな形《かたち》のものがあります。左《ひだり》の写真《しゃしん》は、**パン皮状《かわじょう》火山弾《かざんだん》**といいます。パンの皮《かわ》のように表面《ひょうめん》がひび割《わ》れていますね。上空《じょうくう》は温度《おんど》が低《ひく》いため、火口《かこう》から飛《と》び散《ち》ったマグマは、空気《くうき》に接《せっ》する表面《ひょうめん》から冷《ひ》えかたまります。このとき、内部《ないぶ》のマグマはまだ高温《こうおん》であるため、内部《ないぶ》が膨張《ぼうちょう》しようとして、表面《ひょうめん》にひび割《わ》れができるのです。

## 穴《あな》があいている「軽石《かるいし》」

マグマには、水蒸気《すいじょうき》などのガスが含《ふく》まれています。上空《じょうくう》に飛《と》び散《ち》ったマグマが冷《ひ》えかたまる前《まえ》に、マグマからガスが抜《ぬ》けることがあります。ガスが抜《ぬ》けた通《とお》り道《みち》には、たくさんの穴《あな》が残《のこ》ります。このようにしてできた白《しろ》い色《いろ》の岩石《がんせき》を**軽石《かるいし》**といいます。たくさんの穴《あな》があいていますので、岩石《がんせき》は軽《かる》く、水《みず》に浮《う》かぶこともあります。

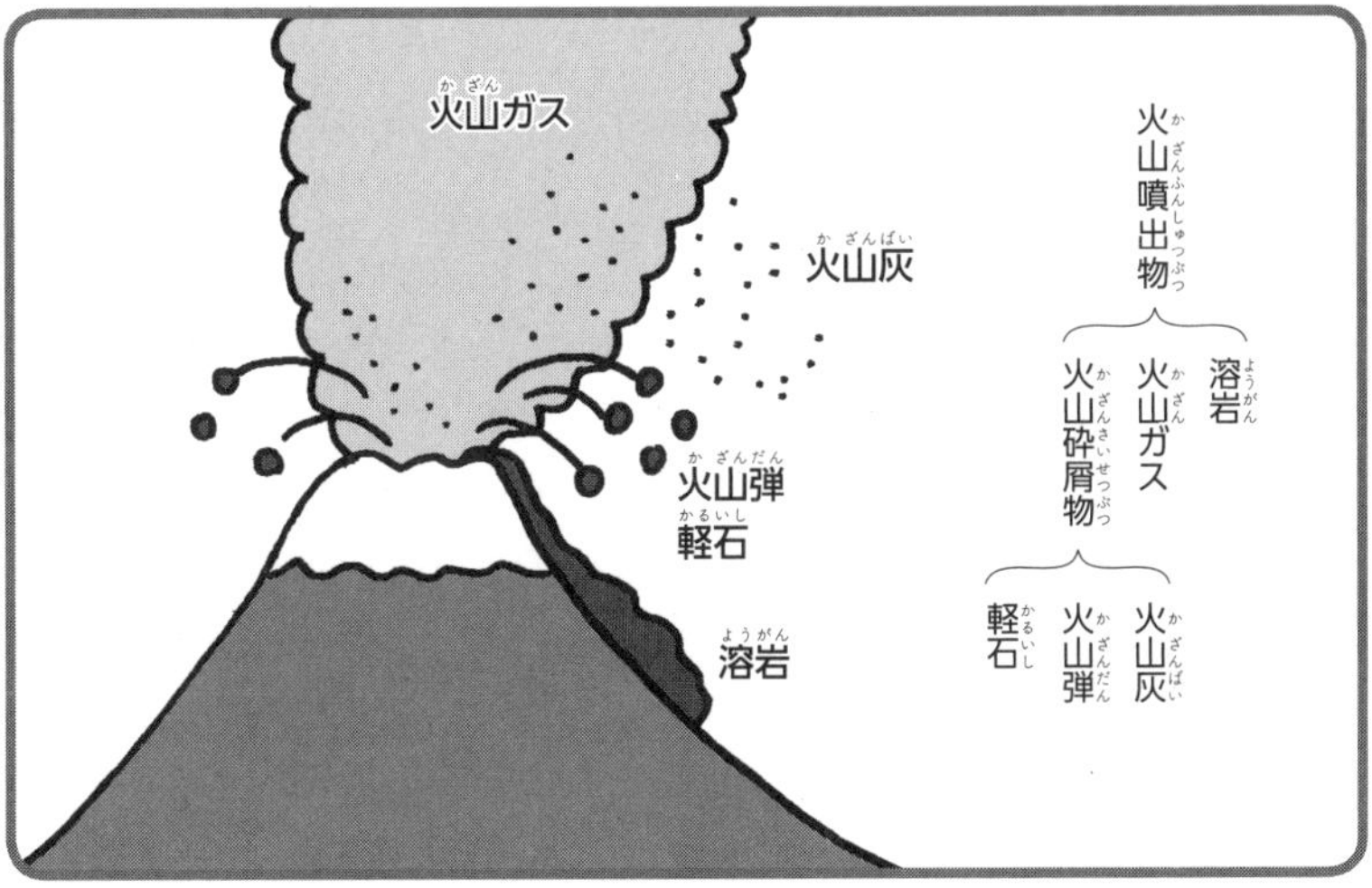


いろいろな火山噴出物《かざんふんしゅつぶつ》

# 浅《あさ》間《ま》山《やま》周《しゅう》辺《へん》の見《み》どころ

吾妻峡《あがつまきょう》

吾妻川《あがつまがわ》の侵食《しんしょく》でできた大渓谷《だいけいこく》

鬼押出《おにおしだ》し園《えん》

浅間山《あさまやま》の溶岩《ようがん》がつくる自然《しぜん》の景観《けいかん》

「浅間山北麓《あさまやまほくろく》
ジオパーク」に
指定《してい》されている
地域《ちいき》ニャ！

鎌原観音堂《かんばらかんのんどう》

浅間山《あさまやま》の噴火《ふんか》による土石《どせき》なだれで埋没《まいぼつ》した石段《いしだん》

こじはん石《いし》

土石《どせき》なだれで浅間山《あさまやま》から運《はこ》ばれてきた岩石《がんせき》

## 【溶岩《ようがん》の粘《ねば》り気《け》によって変化《へんか》する】

# 火山《かざん》の形《かたち》

富士山《ふじさん》の高《たか》さは
どのくらいかニャ？
火山《かざん》には
どんな形《かたち》が
あるかニャ？

案内役《あんないやく》は
葛飾北斎《かつしかほくさい》先生《せんせい》
生没年《せいぼつねん》 西暦《せいれき》1760〜1849年《ねん》

### 富士山《ふじさん》をたくさん描《か》いた葛飾北斎《かつしかほくさい》

江戸時代《えどじだい》の後期《こうき》には、浮世絵《うきよえ》が大流行《だいりゅうこう》していました。葛飾北斎《かつしかほくさい》は、江戸時代《えどじだい》にたくさんの浮世《うきよ》絵《え》を描《か》いた絵師《えし》です。

葛飾北斎《かつしかほくさい》の代表的《だいひょうてき》な作品《さくひん》に、富《ふ》士山《じさん》をさまざまな場所《ばしょ》から描《か》いた「富嶽三十六景《ふがくさんじゅうろっけい》」があります。36図《ず》で終《お》わる予定《よてい》でしたが、たいへん好評《こうひょう》だったため、後《あと》から10図《ず》を追加《ついか》して全部《ぜんぶ》で46図《ず》になりました。

## 日本《にほん》一高《いちたか》い山《やま》「富士山《ふじさん》」

「富嶽三十六景《ふがくさんじゅうろっけい》」に描《か》かれている**富士山《ふじさん》**は、静岡県《しずおかけん》と山梨県《やまなしけん》の境《さかい》にある**活火山《かつかざん》**です。標高《ひょうこう》が3776ｍあり、日本《にほん》で一番高《いちばんたか》い山《やま》です。高《たか》いところほど気温《きおん》は低《ひく》くなりますので、富士山山頂《ふじさんさんちょう》の平均気温《へいきんきおん》は、7月《がつ》で約《やく》5℃、8月《がつ》でも約《やく》6℃しかありません。1月《がつ》や2月《がつ》には、平均気温《へいきんきおん》がマイナス18℃になります。富士山《ふじさん》は昔《むかし》から神《かみ》が宿《やど》る山《やま》として、信仰《しんこう》の対象《たいしょう》とされてきました。

そうだ！
ポン
みんなのために富士山《ふじさん》を描《か》くのニャ！

## 何回《なんかい》も噴火《ふんか》している「成層火山《せいそうかざん》」

富士山《ふじさん》のような形《かたち》の火山《かざん》は**成層火山《せいそうかざん》**とよばれ、山頂《さんちょう》に近《ちか》づくほど傾斜《けいしゃ》が急《きゅう》になっています。富士山《ふじさん》だけでなく、浅間山《あさまやま》や桜島《さくらじま》など、日本《にほん》には成層火山《せいそうかざん》がたくさんあります。成層火山《せいそうかざん》は、1回《かい》の噴火《ふんか》でできる火山《かざん》ではなく、複数回《ふくすうかい》の噴火《ふんか》によってできます。噴火《ふんか》をくり返《かえ》すことによって、溶岩《ようがん》や火山灰《かざんばい》などが積《つ》み重《かさ》なって、成層火山《せいそうかざん》ができ上《あ》がります。

「富嶽三十六景《ふがくさんじゅうろっけい》」の浮世絵《うきよえ》を描《か》いた
富士山《ふじさん》ニャ〜♡
じゃーん
いいニャー
またたく間《ま》に大人気《だいにんき》に！

## 山頂《さんちょう》付近《ふきん》の傾斜《けいしゃ》が急《きゅう》な「桜島《さくらじま》」

鹿児島県《かごしまけん》には代表的《だいひょうてき》な成層火山《せいそうかざん》である**桜島《さくらじま》**があります。写真《しゃしん》を見《み》ると、富士山《ふじさん》と同《おな》じように、山頂《さんちょう》に近《ちか》づくほど、傾斜《けいしゃ》が急《きゅう》になっていますね。ただし、傾斜《けいしゃ》が急《きゅう》な山頂《さんちょう》付近《ふきん》では、山体《さんたい》が崩《くず》れやすく、山《やま》の形《かたち》が変化《へんか》することもあります。桜島《さくらじま》は現在《げんざい》も活発《かっぱつ》な活動《かつどう》を続《つづ》け、2011年《ねん》には996回《かい》も噴火《ふんか》を起《お》こしました。

## 富士山《ふじさん》そっくりの「開聞岳《かいもんだけ》」

鹿児島県《かごしまけん》には、「薩摩富士《さつまふじ》」ともよばれる**開聞岳《かいもんだけ》**もあります。富士山《ふじさん》のように、美《うつく》しい形《かたち》の火山《かざん》ですね。開聞《かいもん》岳《だけ》はもともと成層火山《せいそうかざん》でしたが、西暦《せいれき》885年《ねん》の噴火《ふんか》によって、山《さん》頂《ちょう》に新《あたら》しく別《べつ》の溶岩《ようがん》が積《つ》み重《かさ》なって、現《げん》在《ざい》の形《かたち》になりました。

## 様々《さまざま》な形《かたち》の火山《かざん》

世界《せかい》には様々《さまざま》な形《かたち》の火山《かざん》があります。火《か》山《ざん》の形《かたち》は、噴出《ふんしゅつ》した溶岩《ようがん》の性質《せいしつ》によって変《へん》化《か》します。溶岩《ようがん》にはサラサラして流《なが》れやすいものとベタベタして流《なが》れにくいものがあるのです。

流《なが》れやすい溶岩《ようがん》が噴出《ふんしゅつ》すると、溶岩《ようがん》が広《ひろ》がるように流《なが》れ、ゆるやかな傾斜《けいしゃ》の**盾状火《たてじょうか》山《ざん》**が形成《けいせい》されます。一方《いっぽう》、流《なが》れにくい溶岩《ようがん》が噴出《ふんしゅつ》すると、溶岩《ようがん》が盛《も》り上《あ》がって**溶岩円《ようがんえん》頂丘《ちょうきゅう》**（溶岩《ようがん》ドーム）が形成《けいせい》されます。

火山《かざん》の形《かたち》を
よく見《み》ないと、
絵《え》は描《か》けない
ニャ!!

## 「盾状火山《たてじょうかざん》」と「溶岩円頂丘《ようがんえんちょうきゅう》」

ハワイ島《とう》には、世界最大《せかいさいだい》の盾状火《たてじょうか》山《ざん》である**マウナロア山《さん》**があります。一方《いっぽう》、北海道《ほっかいどう》には、溶岩円頂丘《ようがんえんちょうきゅう》の**昭和《しょうわ》新山《しんざん》**があります。鹿児島県《かごしまけん》の開聞岳《かいもんだけ》も、山頂付近《さんちょうふきん》は溶《よう》岩円頂丘《がんえんちょうきゅう》となっています。盾状火山《たてじょうかざん》は大《おお》きく、溶岩円《ようがんえん》頂丘《ちょうきゅう》は小《ちい》さい火山《かざん》になります。

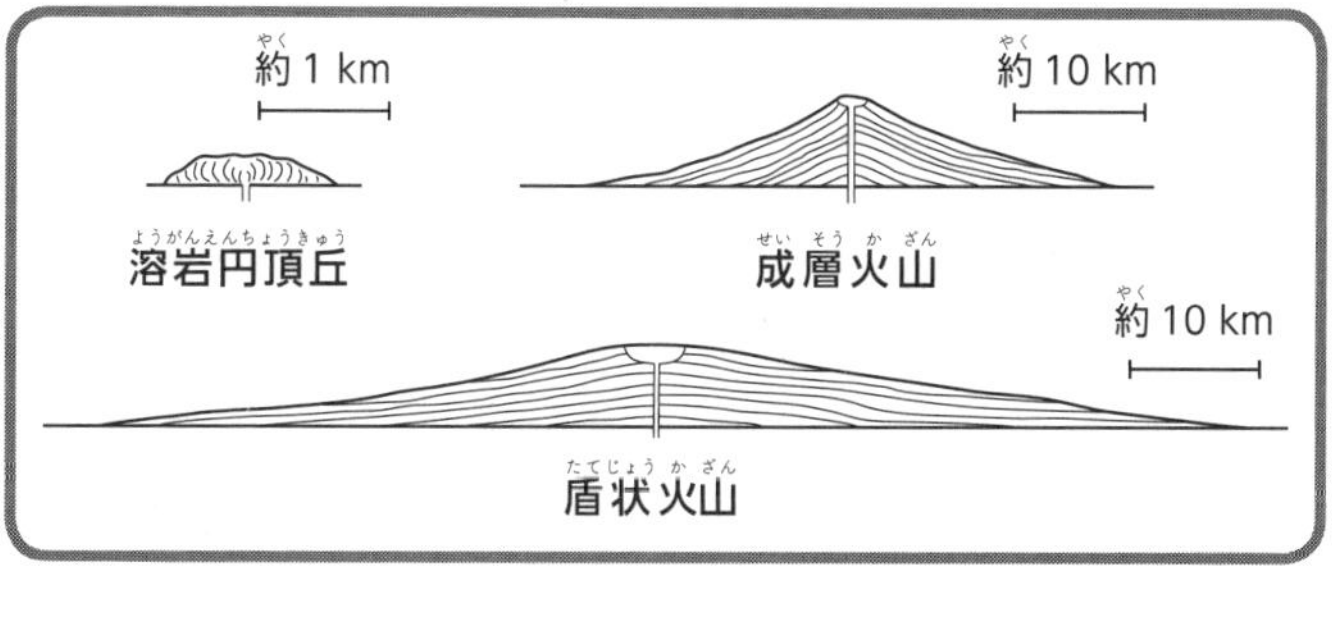
約《やく》1 km
溶岩円頂丘《ようがんえんちょうきゅう》
約《やく》10 km
成層火山《せいそうかざん》
約《やく》10 km
盾状火山《たてじょうかざん》

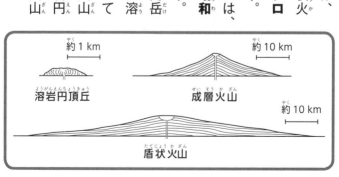

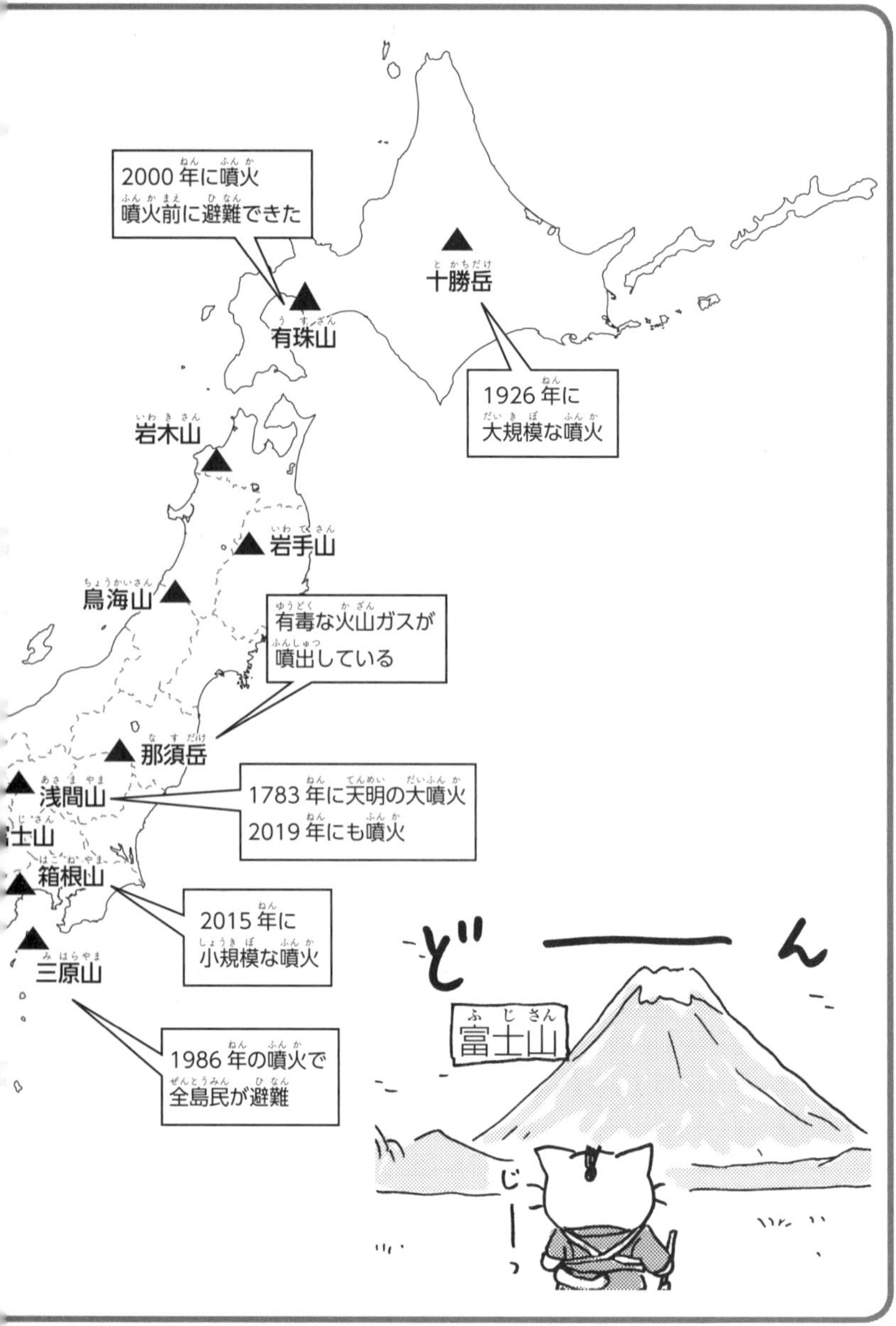

2000年《ねん》に噴火《ふんか》
噴火《ふんか》前《まえ》に避難《ひなん》できた
十勝岳《とかちだけ》
有珠山《うすざん》
1926年《ねん》に
大規模《だいきぼ》な噴火《ふんか》
岩木山《いわきさん》
岩手山《いわてさん》
鳥海山《ちょうかいさん》
有毒《ゆうどく》な火山《かざん》ガスが
噴出《ふんしゅつ》している
那須岳《なすだけ》
浅間山《あさまやま》
1783年《ねん》に天明《てんめい》の大噴火《だいふんか》
2019年《ねん》にも噴火《ふんか》
箱根山《はこねやま》
2015年《ねん》に
小規模《しょうきぼ》な噴火《ふんか》
三原山《みはらやま》
1986年《ねん》の噴火《ふんか》で
全島民《ぜんとうみん》が避難《ひなん》
どーーーん
富士山《ふじさん》
じーーっ

# 日本《にほん》の代表的《だいひょうてき》な活火山《かつかざん》

火砕流《かさいりゅう》とは、火山《かざん》ガス、火山灰《かざんばい》、軽石《かるいし》などが混《ま》ざって、高速《こうそく》で流《なが》れ下《くだ》る危険《きけん》な現象《げんしょう》ニャ!!


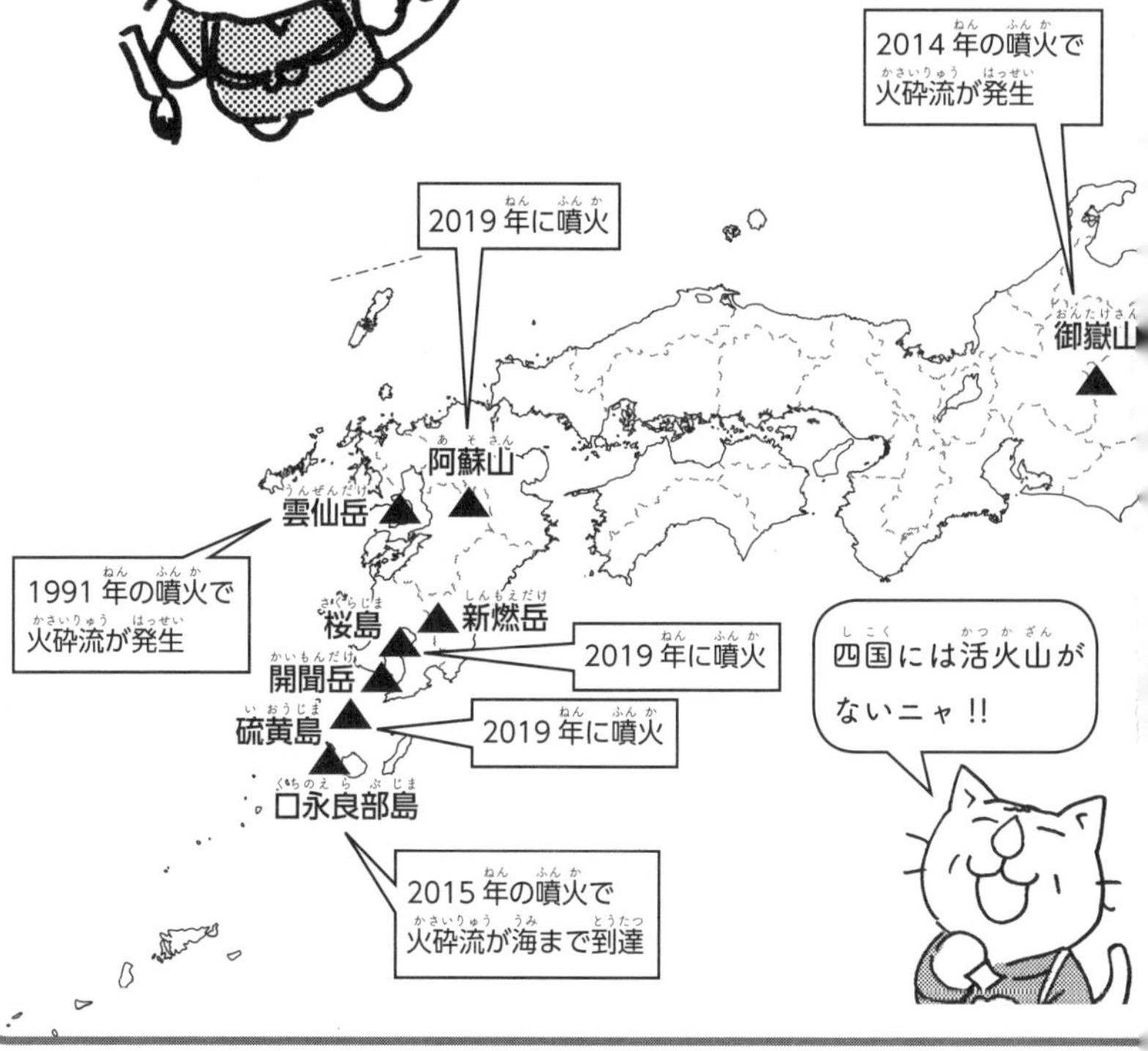

2014年《ねん》の噴火《ふんか》で火砕流《かさいりゅう》が発生《はっせい》
御嶽山《おんたけさん》
2019年《ねん》に噴火《ふんか》
阿蘇山《あそさん》
雲仙岳《うんぜんだけ》
1991年《ねん》の噴火《ふんか》で火砕流《かさいりゅう》が発生《はっせい》
桜島《さくらじま》
新燃岳《しんもえだけ》
2019年《ねん》に噴火《ふんか》
開聞岳《かいもんだけ》
硫黄島《いおうじま》
2019年《ねん》に噴火《ふんか》
口永良部島《くちのえらぶじま》
2015年《ねん》の噴火《ふんか》で火砕流《かさいりゅう》が海《うみ》まで到達《とうたつ》
四国《しこく》には活火山《かつかざん》がないニャ!!

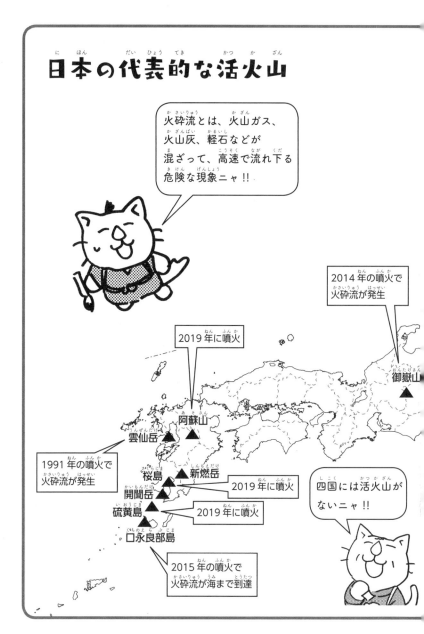

## 【暮《く》らしを支《ささ》えた】黒《こく》曜《よう》石《せき》

石器《せっき》とは何《なに》かニャ？
黒曜石《こくようせき》はどこにあるのかニャ？

### 旧石器時代人《きゅうせっきじだいじん》の生活必需品《せいかつひつじゅひん》「石器《せっき》」

旧石器時代人《きゅうせっきじだいじん》の生活《せいかつ》には、石器《せっき》は欠《か》かせないものでした。食料確保《しょくりょうかくほ》のために狩《か》りをするときも、食料《しょくりょう》を調理《ちょうり》するときも、毛皮《けがわ》で服《ふく》を作《つく》るのにも石器《せっき》を使用《しよう》しました。まさに、衣食住《いしょくじゅう》に欠《か》かせない便利《べんり》な道具《どうぐ》だったのです。

案内役《あんないやく》は
**旧石器時代人《きゅうせっきじだいじん》**
時代《じだい》 約《やく》3万《まん》5000～1万《まん》3000年前《ねんまえ》
(諸説《しょせつ》あり)

## 石器《せっき》の使《つか》い方《かた》

旧石器時代《きゅうせっきじだい》の人《ひと》たちは、ナウマンゾウ、シカ、ノウサギなどを捕《と》らえて生活《せいかつ》していました。これらの毛皮《けがわ》や肉《にく》を切《き》るために、石器《せっき》が使《つか》われていました。石器《せっき》とは、石《いし》を砕《くだ》いたり、磨《みが》いたりして作《つく》った道具《どうぐ》です。石器《せっき》のうち、石《いし》をすりあわせて磨《みが》いたものを**磨製石器《ませいせっき》**、磨《みが》いていないものを**打製石器《だせいせっき》**といいます。また、旧石器時代《きゅうせっきじだい》の石器《せっき》には、黒曜石《こくようせき》などが使《つか》われていました。

黒曜石《こくようせき》にふつうの石《いし》をぶつけて割《わ》ると…
カッ
カキン


## 黒曜石《こくようせき》の性質《せいしつ》

**黒曜石《こくようせき》**は、ガラスとよく似《に》た性質《せいしつ》をもつ黒《くろ》い岩石《がんせき》です。ガラスは鋭《するど》く割《わ》れることがありますよね。黒曜石《こくようせき》も鋭《するど》く割《わ》れるので、旧石器時代《きゅうせっきじだい》には、ナイフや槍《やり》などに利用《りよう》されていました。黒曜石《こくようせき》は、旧石器時代《きゅうせっきじだい》には石器《せっき》として利用《りよう》されてきましたが、最近《さいきん》では磨《みが》くとピカピカと光沢《こうたく》が出《で》るため、アクセサリーやパワーストーンとして利用《りよう》されています。

するどい形《かたち》に割《わ》れます
おおー!!

## 黒曜石《こくようせき》のでき方《かた》

地下《ちか》から上昇《じょうしょう》してきたマグマが、地表付近《ちひょうふきん》で急《きゅう》に冷《ひ》えかたまってできた岩石《がんせき》を**火山岩《かざんがん》**といいます。火山岩《かざんがん》には、流紋岩《りゅうもんがん》、安山岩《あんざんがん》、玄武岩《げんぶがん》などがあります。日本《にほん》の多《おお》くの火山《かざん》は**安山岩《あんざんがん》**でできています。

火山《かざん》は陸上《りくじょう》だけでなく、海底《かいてい》にもあります。海底《かいてい》で火山《かざん》が噴火《ふんか》すると、マグマが水中《すいちゅう》で急《きゅう》に冷《ひ》やされます。マグマにはベタベタしたものとサラサラしたものがありますが、ベタベタしたマグマが水中《すいちゅう》で急《きゅう》に冷《ひ》えかたまるときに、黒曜石《こくようせき》ができると考《かんが》えられています。特《とく》に、噴出《ふんしゅつ》した溶岩《ようがん》の外側《そとがわ》は冷却《れいきゃく》が速《はや》く、溶岩《ようがん》の外側《そとがわ》に黒曜石《こくようせき》の層《そう》が形成《けいせい》されることがあります。

## 県《けん》の石《いし》

日本《にほん》には47の都道府県《とどうふけん》があり、それぞれの都道府県《とどうふけん》で特徴的《とくちょうてき》に産出《さんしゅつ》する岩石《がんせき》が「県《けん》の石《いし》」として選《えら》ばれています。長野県《ながのけん》の和田峠《わだとうげ》からは品質《ひんしつ》の良《よ》い黒曜石《こくようせき》が産出《さんしゅつ》し、旧石器時代《きゅうせっきじだい》の人々《ひとびと》の生活《せいかつ》と大《おお》きなかかわりがありました。長野県《ながのけん》の「県《けん》の石《いし》」には、黒曜石《こくようせき》が選《えら》ばれています。

長野県産《ながのけんさん》の黒曜石《こくようせき》

## 黒曜石《こくようせき》の産地《さんち》

黒曜石《こくようせき》はマグマが急《きゅう》に冷《ひ》えかたまってできるので、火山地帯《かざんちたい》に黒曜石《こくようせき》の産地《さんち》が多《おお》くあります。火山地帯《かざんちたい》である日本《にほん》には、数十《すうじゅっ》カ所《しょ》の黒曜石《こくようせき》の産地《さんち》があります。

伊豆諸島《いずしょとう》の神津島《こうづしま》には、約《やく》7万年前《まんねんまえ》に噴出《ふんしゅつ》した溶岩《ようがん》でできた砂糠山《さぬかやま》があります。砂糠山《さぬかやま》は黒曜石《こくようせき》の産地《さんち》であり、山《やま》の中腹《ちゅうふく》には黒曜石《こくようせき》の層《そう》が広《ひろ》がっていて、船《ふね》から眺《なが》めることもできます。

長野県産《ながのけんさん》の黒曜石《こくようせき》や神津島産《こうづしまさん》の黒曜石《こくようせき》が、関東地方《かんとうちほう》の旧石器時代《きゅうせっきじだい》の遺跡《いせき》で発見《はっけん》されたこともあります。今《いま》から約《やく》2万年前《まんねんまえ》には、黒曜石《こくようせき》が遠《とお》いところから運《はこ》ばれてきて、生活《せいかつ》に利用《りよう》されていたのです。

白《しろ》い点線《てんせん》で
囲《かこ》まれている部分《ぶぶん》が
黒曜石《こくようせき》の層《そう》ニャ！

神津島《こうづしま》（砂糠山《さぬかやま》）の黒曜石《こくようせき》の層《そう》

## 【火打石《ひうちいし》となる】かたい石《いし》

火《ひ》打《うち》石《いし》とは
何《なに》かニャ？
地《ち》球《きゅう》で
一《いち》番《ばん》かたい石《いし》は
何《なに》かニャ？

### ヤマトタケルが使《つか》った「火打石《ひうちいし》」

ヤマトタケルは、第十二代景《だいじゅうにだいけい》行天皇《こうてんのう》の息子《むすこ》で、『古事記《こじき》』や『日本書紀《にほんしょき》』に登場《とうじょう》する古代史《こだいし》の英雄《えいゆう》です。ヤマトタケルは、景行天皇《けいこうてんのう》から、九州《きゅうしゅう》のクマソタケル兄弟《きょうだい》の討伐《とうばつ》を命《めい》じられ、この戦《たたか》いに勝利《しょうり》しました。その後《ご》、東国《とうごく》の草原《そうげん》で火攻《ひぜ》めにあいましたが、叔母《おば》にもらった草薙《くさなぎ》の剣《つるぎ》と火打石《ひうちいし》を用《もち》いて、ピンチをしのいだことが知《し》られています。

案内役《あんないやく》は
ヤマトタケル先生《せんせい》
生没年《せいぼつねん》 不明《ふめい》

## 火《ひ》をおこす「火打石《ひうちいし》」

**火打石《ひうちいし》**とは、火花《ひばな》を発生《はっせい》させるときに使《し》用《よう》するかたい石《いし》のことをいいます。主《おも》に石《せき》英《えい》や黒曜石《こくようせき》などが使用《しよう》されてきました。

石英《せきえい》は、地球上《ちきゅうじょう》にたくさんある石《いし》です。マグマが冷《ひ》えかたまってできた岩石《がんせき》の中《なか》や砂《すな》の中《なか》にも細《こま》かい石英《せきえい》が含《ふく》まれています。

そうだ！
叔母《おば》にもらったアイテムを！
コロリン
コロリン

ヤマトタケルの時代《じだい》には火打《ひうち》石《いし》は貴重《きちょう》なものでしたが、江戸《えど》時代《じだい》には庶民《しょみん》にも普及《ふきゅう》し、よく使《つか》われるようになりました。

## 火打石《ひうちいし》の使《つか》い方《かた》

火花《ひばな》を発生《はっせい》させようとして、火打石《ひうちいし》どうしをぶつけても火花《ひばな》は出《で》ません。火《ひ》打石《うちいし》は、金属《きんぞく》にぶつけて使《つか》います。このときにはがれた金属《きんぞく》が火花《ひばな》を起《お》こします。つまり、火打石《ひうちいし》は金属《きんぞく》を削《けず》ることができるくらいかたい石《いし》でなければなりません。火《ひ》を起《お》こすだけでなく、旅《たび》に出《で》る人《ひと》などに火花《ひばな》を打《う》ちかけて、厄除《やくよ》けをすることなどにも使《つか》われていました。

ちがーう
メラ
メラ
これはいいニャ〜
ちゃい
ちゃい
がんばれ
ヤマトタケル！
冒険《ぼうけん》はまだ始《はじ》まった
ばかりだぞ！

## 水晶《すいしょう》にもなる「石英《せきえい》」

火打石《ひうちいし》として使《つか》われることのある**石英《せきえい》**は、六角柱状《ろっかくちゅうじょう》の石《いし》です。特《とく》に透明《とうめい》なものは**水晶《すいしょう》**（クリスタル）とよばれています。

一般《いっぱん》に水晶《すいしょう》は無色透明《むしょくとうめい》ですが、色《いろ》のついた水晶《すいしょう》もあります。ピンク色《いろ》の水晶《すいしょう》は**ローズクォーツ**、黄色《きいろ》の水晶《すいしょう》は**シトリン**、紫色《むらさきいろ》の水晶《すいしょう》は**アメジスト**（紫水晶《むらさきすいしょう》）といいます。アメジストは2月《がつ》の誕生石《たんじょうせき》でもあります。

無色透明《むしょくとうめい》な水晶《すいしょう》には、鉄《てつ》は含《ふく》まれていませんが、シトリンやアメジストには少《すこ》しだけ鉄《てつ》が含《ふく》まれています。また、針《はり》のようなものが入っている水晶《すいしょう》は**ルチルクォーツ**といいます。ルチルクォーツは金運《きんうん》アップのパワーストーンとしても有名《ゆうめい》です。

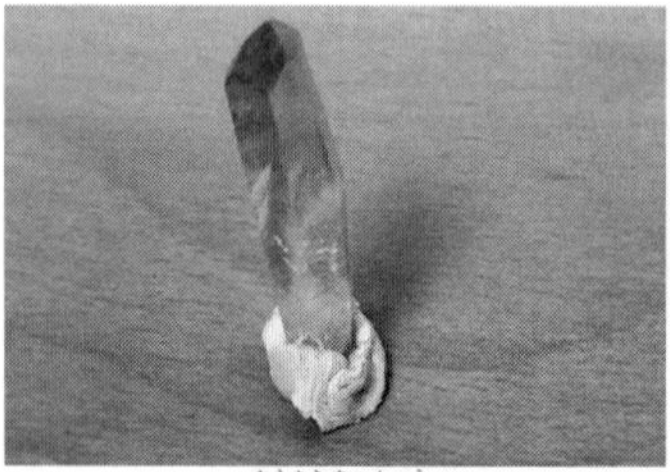

紫水晶《むらさきすいしょう》

水晶《すいしょう》

ルチルクォーツ

## かたさを表《あらわ》す「モース硬度《こうど》」

石《いし》のかたさを表《あらわ》すものに、**モース硬度《こうど》**があります。モース硬度《こうど》は1～10で表《あらわ》され、数字《すうじ》が大《おお》きいほどかたくなります。代表的《だいひょうてき》な石《いし》のモース硬度《こうど》は、方解石《ほうかいせき》が3、石英《せきえい》が7、トパーズが8、ダイヤモンドが10です。**ダイヤモンド**は地球《ちきゅう》で一番《いちばん》かたい石《いし》です。人《ひと》の爪《つめ》は2・5、黒曜石《こくようせき》は5、ナイフは5・5、3月の誕生石《たんじょうせき》であるアクアマリンは7・5になります。ナイフでモース硬度《こうど》の小《ちい》さい方解石《ほうかいせき》に傷《きず》をつけることはできますが、モース硬度《こうど》の大《おお》きい石英《せきえい》に傷《きず》をつけることはできません。石英《せきえい》はかたい石《いし》であるからこそ、火打石《ひうちいし》として利用《りよう》することができるのです。

アクアマリン

方解石《ほうかいせき》

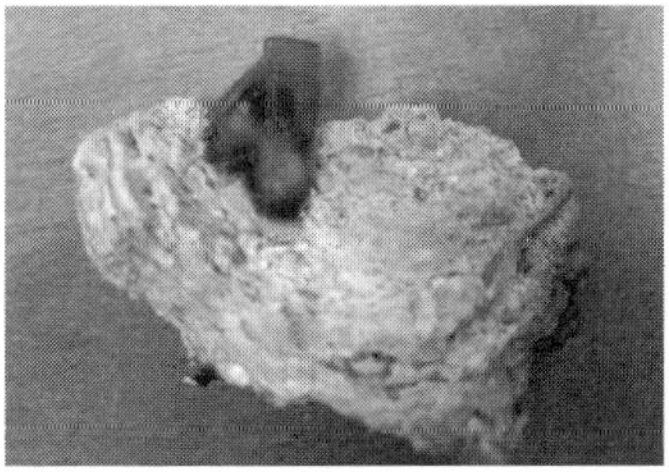

トパーズ

# ねこねこクイズ②

**問題《もんだい》1**

世界《せかい》にはどのくらいの活火山《かつかざん》がある?

❶ 約《やく》100
❷ 約《やく》500
❸ 約《やく》1500

ドーーン

**問題《もんだい》2**

1783年《ねん》の浅間山《あさまやま》の噴火《ふんか》で、大量《たいりょう》に流《なが》れ出《で》た溶岩《ようがん》を何《なん》という?

❶ 鬼押入《おにおしい》れ溶岩《ようがん》
❷ 鬼押倒《おにおしだお》し溶岩《ようがん》
❸ 鬼押出《おにおしだ》し溶岩《ようがん》

フミャー
フミャー

**問題《もんだい》3**

火山砕屑物《かざんさいせつぶつ》のうち、たくさんの穴《あな》があいている石《いし》を何《なん》という?

❶ 軽石《かるいし》
❷ 火山弾《かざんだん》
❸ 火山灰《かざんばい》

フミャ〜

**問題《もんだい》4**

富士山《ふじさん》や桜島《さくらじま》のような形《かたち》の火山《かざん》を何《なん》という?

❶ 盾状火山《たてじょうかざん》
❷ 成層火山《せいそうかざん》
❸ 溶岩円頂丘《ようがんえんちょうきゅう》

## 問題《もんだい》5

黒曜石《こくようせき》は何《なに》がかたまってできる?

❶ 骨《ほね》
❷ マグマ
❸ 海水《かいすい》

## 問題《もんだい》6

黒曜石《こくようせき》はどこの県《けん》の石《いし》に指定《してい》されている?

❶ 千葉県《ちばけん》
❷ 栃木県《とちぎけん》
❸ 長野県《ながのけん》

## 問題《もんだい》7

石英《せきえい》の中《なか》で特《とく》に透明《とうめい》なものを何《なん》という?

❶ 水晶《すいしょう》
❷ 方解石《ほうかいせき》
❸ 真珠《しんじゅ》

## 問題《もんだい》8

地球《ちきゅう》で一番《いちばん》かたい石《いし》は何《なに》?

❶ トパーズ
❷ ルビー
❸ ダイヤモンド

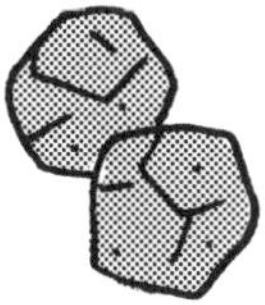

# 答《こた》え

答《こた》え1

❸ 世界《せかい》には約《やく》1500の活火山《かつかざん》があり、そのうち日本《にほん》には約《やく》110の活火山《かつかざん》があります。

答《こた》え2

❸ 1783年《ねん》の浅間山《あさまやま》の噴火《ふんか》で流《なが》れ出《で》た溶岩《ようがん》は、とてもめずらしい形《かたち》で、鬼押出《おにおしだ》し溶岩《ようがん》といいます。

答《こた》え3

❶ 軽石《かるいし》に見《み》られるたくさんの穴《あな》は、マグマからガスが抜《ぬ》けた通《とお》り道《みち》にできたものです。

答《こた》え4

❷ 富士山《ふじさん》や桜島《さくらじま》は、噴火《ふんか》をくり返《かえ》して、溶岩《ようがん》や火山灰《かざんばい》が積《つ》み重《かさ》なってできた成層火山《せいそうかざん》です。

答《こた》え5

❷ マグマが水中《すいちゅう》で急《きゅう》に冷《ひ》えかたまったときに黒曜石《こくようせき》ができることがあります。

答《こた》え6

❸ 長野県《ながのけん》と大分県《おおいたけん》では、品質《ひんしつ》の良《よ》い黒曜石《こくようせき》が出《で》るため、黒曜石《こくようせき》が県《けん》の石《いし》に選《えら》ばれています。

答《こた》え7

❶ 石英《せきえい》の中《なか》でも特《とく》に透明《とうめい》なものは水晶《すいしょう》（クリスタル）と呼《よ》ばれます。

答《こた》え8

❸ ダイヤモンドは地球《ちきゅう》で一番《いちばん》かたい石《いし》であり、モース硬度《こうど》は最高値《さいこうち》の10です。

# 第《だい》三《さん》章《しょう》 河《か》川《せん》と海《かい》洋《よう》編《へん》

## 【水《みず》の流《なが》れがつくる地形《ちけい》】

# 河川《かせん》のはたらき

河川《かせん》の3つのはたらきとは何《なに》かニャ？
河川《かせん》のはたらきでどんな地形《ちけい》ができるのかニャ？

**武田信玄《たけだしんげん》が作《つく》った堤防《ていぼう》「信玄堤《しんげんつつみ》」**

甲斐国《かいのくに》（現在《げんざい》の山梨県《やまなしけん》）の戦国大名《せんごくだいみょう》である武田信玄《たけだしんげん》は、氾濫《はんらん》しやすい釜無川《かまなしがわ》の治水工事《ちすいこうじ》を行《おこな》い、釜無川《かまなしがわ》と御勅使川《みだいがわ》が合流《ごうりゅう》する場所《ばしょ》に、長《なが》い年月《ねんげつ》をかけて堤防《ていぼう》を作《つく》りました。この堤防《ていぼう》は信玄堤《しんげんつつみ》とよばれるようになり、今日《こんにち》でも甲府盆地《こうふぼんち》を洪水《こうずい》の被害《ひがい》から守《まも》っています。

案内役《あんないやく》は
**武田信玄《たけだしんげん》先生《せんせい》**
生没年《せいぼつねん》 西暦《せいれき》1521〜1573年《ねん》

## 河川《かせん》と堤防《ていぼう》

水《みず》は高《たか》いところから低《ひく》いところへ流《なが》れますので、山《やま》から海《うみ》へ、水《みず》の流《なが》れができます。このときにできる水《みず》の通《とお》り道《みち》を川《かわ》または河《か》川《せん》といいます。河《か》川《せん》の中《なか》でも、山《やま》に近《ちか》いところを**上流**《じょうりゅう》といい、海《うみ》に近《ちか》いところを**下流**《かりゅう》といいます。河《か》川《せん》から水《みず》があふれ出《だ》す氾濫《はんらん》が起《お》こると、上《じょう》流《りゅう》から運《はこ》ばれてきた水《みず》と土《ど》砂《しゃ》がまき散《ち》らされてしまいますので、それを防《ふせ》ぐ堤防《ていぼう》の役目《やくめ》は重要《じゅうよう》になります。

## 河川《かせん》の3つのはたらき

河《か》川《せん》には、侵食《しんしょく》、運搬《うんぱん》、堆積《たいせき》の3つのはたらきがあります。**侵食**《しんしょく》とは、水《みず》によって地表《ちひょう》が削《けず》られることです。**運搬**《うんぱん》とは、削《けず》られてできた土《ど》砂《しゃ》が水《みず》の流《なが》れによって運《はこ》ばれることです。**堆積**《たいせき》とは、運《はこ》ばれてきた土《ど》砂《しゃ》が川底《かわぞこ》や海底《かいてい》などに積《つ》もっていくことです。

このような河《か》川《せん》の3つのはたらきによって、河川沿《かせんぞ》いの地域《ちいき》には長《なが》い時間《じかん》をかけて新《あたら》しい地《ち》形《けい》が作《つく》られていきます。

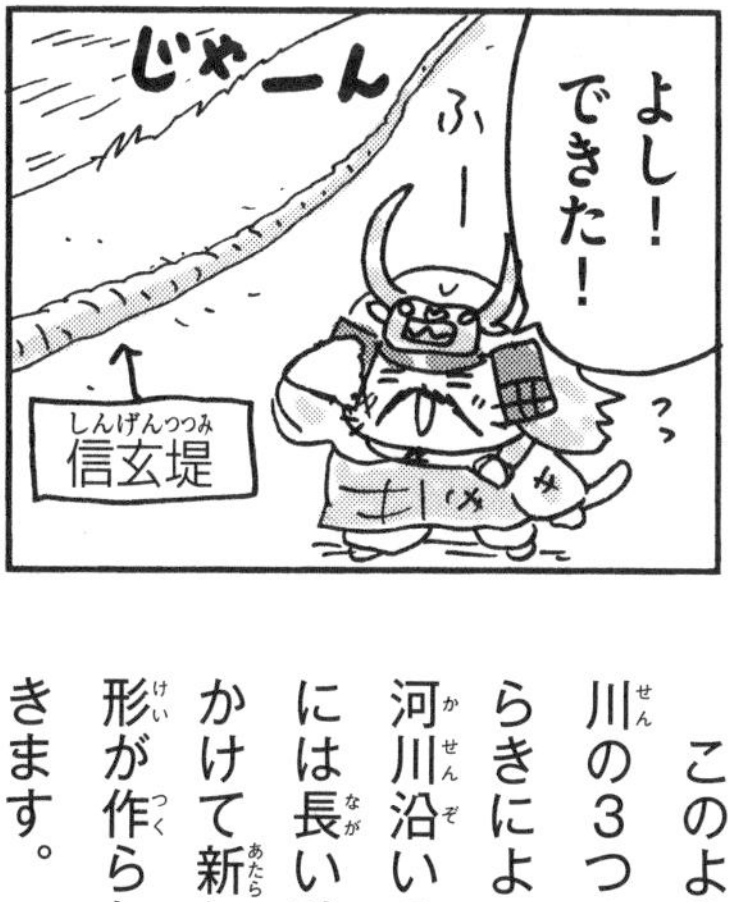

## 「V字谷《ブイじこく》」と「扇状地《せんじょうち》」

河川《かせん》の上流《じょうりゅう》（山地《さんち》）では流《なが》れが速《はや》く、川《かわ》底《ぞこ》を掘《ほ》り下《さ》げるような侵食《しんしょく》が起《お》こります。そのため、谷底《たにぞこ》が深《ふか》く削《けず》られた**V字谷《ブイじこく》**という地形《ちけい》ができます。

河川《かせん》が山地《さんち》から平野《へいや》に出《で》るところでは、地面《じめん》の傾《かたむ》きがゆるやかになり、水《みず》の流《なが》れが遅《おそ》くなります。そのため、山地《さんち》と平野《へいや》の間《あいだ》では、上流《じょうりゅう》から運《はこ》ばれてきた土砂《どしゃ》が堆積《たいせき》して、**扇状地《せんじょうち》**という地形《ちけい》をつくります。

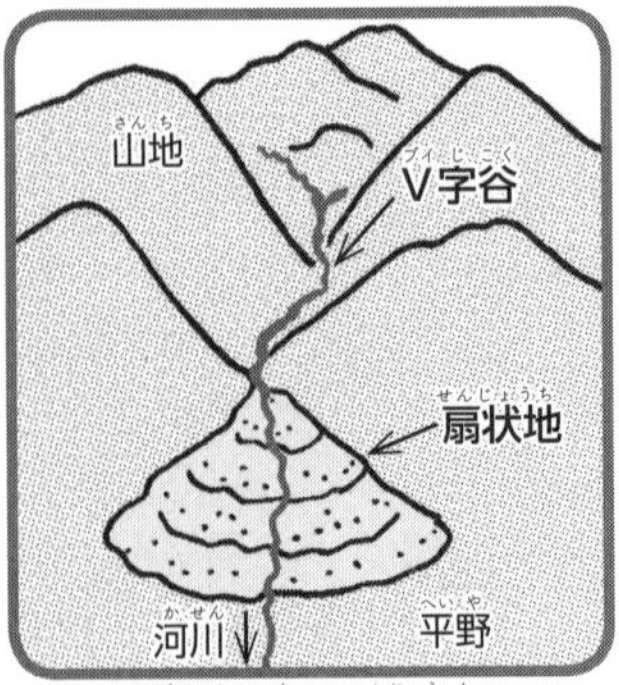

V字谷《ブイじこく》と扇状地《せんじょうち》

## 「蛇行《だこう》」した河川《かせん》

平野《へいや》の河川《かせん》は、蛇《へび》のように大《おお》きく曲《ま》がりくねって流《なが》れていることがあります。これを**蛇行《だこう》**といいます。蛇行《だこう》している河川《かせん》のカーブの内側《うちがわ》では流《なが》れが遅《おそ》く、上流《じょうりゅう》から運《はこ》ばれてきた土砂《どしゃ》が堆積《たいせき》しやすくなっています。一方《いっぽう》、カーブの外側《そとがわ》では流《なが》れが速《はや》く、川底《かわぞこ》が深《ふか》く侵食《しんしょく》され、川幅《かわはば》を広《ひろ》げるような侵食《しんしょく》も進《すす》んでいます。また、水《みず》の流《なが》れがぶつかるカーブの外側《そとがわ》では**氾濫《はんらん》**が起《お》こりやすくなっています。

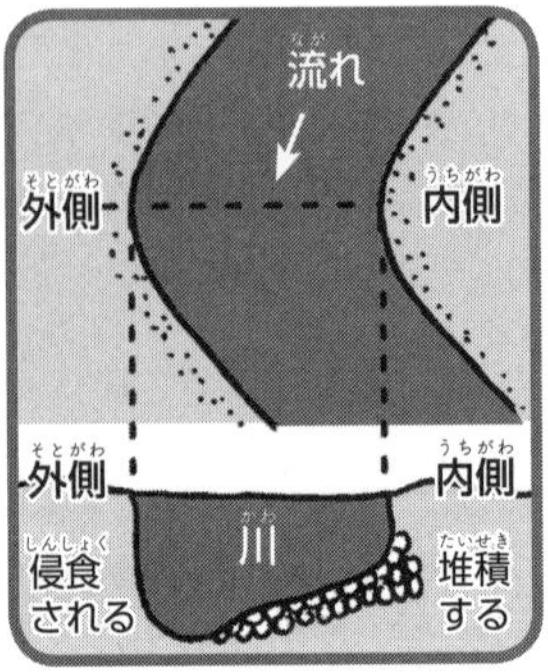

蛇行《だこう》した河川《かせん》

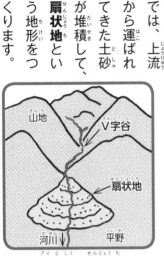

## 大《おお》きな水《みず》たまり「三日月湖《みかづきこ》」

平野《へいや》を流《なが》れる河川《かせん》の近《ちか》くには、**三日月湖《みかづきこ》**とよばれる池《いけ》のように大《おお》きな水《みず》たまりができることがあります。平野《へいや》を蛇行《だこう》しながら流《なが》れる河川《かせん》では、カーブの外側《そとがわ》が侵食《しんしょく》されるので、流路《りゅうろ》が変化《へんか》しやすく、新《あたら》しい流路《りゅうろ》ができることがあります。このとき、もとの流路《りゅうろ》から取《と》り残《のこ》された部分《ぶぶん》が三日月湖《みかづきこ》となるのです。

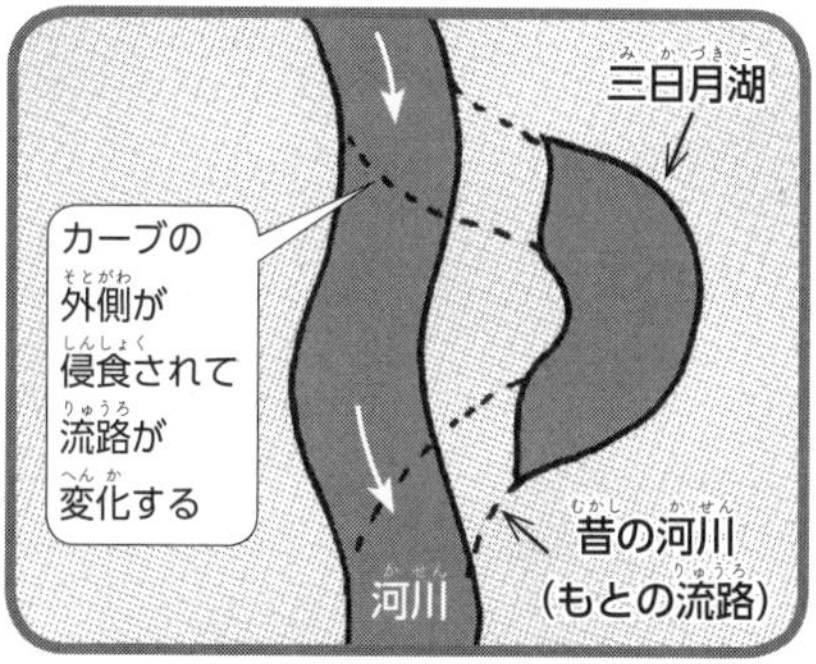
三日月湖《みかづきこ》
カーブの外側《そとがわ》が侵食《しんしょく》されて流路《りゅうろ》が変化《へんか》する
昔《むかし》の河川《かせん》（もとの流路《りゅうろ》）
河川《かせん》
三日月湖《みかづきこ》

## 土砂《どしゃ》がたまる「三角州《さんかくす》」

平野《へいや》を流《なが》れる河川《かせん》では、水《みず》の流《なが》れが遅《おそ》いため、大《おお》きな岩石《がんせき》は運《はこ》ばれず、粒《つぶ》の小《ちい》さい土砂《どしゃ》が下流《かりゅう》へ運《はこ》ばれていきます。そして、河川《かせん》が海《うみ》にたどり着《つ》く河口付近《かこうふきん》では、枝分《えだわ》かれした河《か》川《せん》の間《あいだ》に、流《なが》れてきた粒《つぶ》の小《ちい》さい土砂《どしゃ》がたまって、**三角州《さんかくす》**とよばれる地形《ちけい》ができることがあります。

河川《かせん》が運《はこ》んできた粒《つぶ》の小《ちい》さい土砂《どしゃ》が堆積《たいせき》してできる
陸地《りくち》
三角州《さんかくす》
海《うみ》
三角州《さんかくす》

【大雨《おおあめ》や地震《じしん》などがきっかけに】

# 土《ど》砂《しゃ》災《さい》害《がい》

土砂災害《どしゃさいがい》にはどのようなものがあるのかニャ？

土砂災害《どしゃさいがい》はどのようにして起《お》こるのかニャ？

**治水工事《ちすいこうじ》などを行《おこな》い**
**庶民《しょみん》に愛《あい》された 行基《ぎょうき》**

行基《ぎょうき》は、大地震《だいじしん》や飢饉《ききん》などで人々《ひとびと》が苦《くる》しんでいた奈良時代《ならじだい》に、治水工事《ちすいこうじ》など多《おお》くの慈善事業《じぜんじぎょう》を行《おこな》ったお坊《ぼう》さんです。人々《ひとびと》からの信頼《しんらい》が厚《あつ》く、カリスマ的存在《てきそんざい》でした。現在《げんざい》も、行基《ぎょうき》が作《つく》ったとされるため池《いけ》が残《のこ》っています。

**案内役《あんないやく》は**

**行基《ぎょうき》先生《せんせい》**

**生没年《せいぼつねん》** 西暦《せいれき》668〜749年《ねん》

## 日本《にほん》でよく起《お》こる「土砂災害《どしゃさいがい》」

日本《にほん》は山地《さんち》が多《おお》いため、土砂災害《どしゃさいがい》が毎年《まいとし》のように起《お》こっています。**土砂災害《どしゃさいがい》**とは、崖崩《がけくず》れ、土石流《どせきりゅう》、地《じ》すべりなどの現象《げんしょう》によって、岩石《がんせき》や土砂《どしゃ》が流《なが》れ込《こ》んで発生《はっせい》する災《さい》害《がい》です。崖崩《がけくず》れ、土石流《どせきりゅう》、地《じ》すべりなどは、大雨《おおあめ》や地震《じしん》の揺《ゆ》れをきっかけにして起《お》こります。日本《にほん》は世《せ》界《かい》の中《なか》でも降水《こうすい》量《りょう》が多《おお》く、地震《じしん》もよく起《お》こる国《くに》です。そのため、昔《むかし》から多《おお》くの土《ど》砂災害《しゃさいがい》が発生《はっせい》してきました。

よーし！次《つぎ》はダムを作《つく》ろう!!
オー
オー

## 急《きゅう》な斜面《しゃめん》で起《お》こる「崖崩《がけくず》れ」

土砂災害《どしゃさいがい》の原因《げんいん》のひとつに崖崩《がけくず》れがあります。**崖崩《がけくず》れ**は、急《きゅう》な斜面《しゃめん》が一気《いっき》に崩《くず》れ落《お》ちる現象《げんしょう》です。

川《かわ》の上流《じょうりゅう》などには、水《みず》をためるダムが作《つく》られていることがあります。一般的《いっぱんてき》にダムは、コンクリートなどで周囲《しゅうい》を囲《かこ》んで作《つく》られますが、崖崩《がけくず》れで崩《くず》れ落《お》ちた土砂《どしゃ》が、水《みず》の流《なが》れを止《と》めることによって、天然《てんねん》のダムを形成《けいせい》することもあります。

みんなのダム
できたー

## 流《なが》れが速《はや》い「土石流《どせきりゅう》」

山《やま》の一部《いちぶ》が崩《ほう》壊《かい》して、岩石《がんせき》が谷底《たにぞこ》などに落《お》ちてたまることがあります。谷底《たにぞこ》などにたまった土石《どせき》が、大雨《おおあめ》による水《みず》といっしょに押《お》し流《なが》される現象《げんしょう》を**土石流**《どせきりゅう》といいます。流《なが》れが速《はや》く、大《おお》きな岩石《がんせき》といっしょに流《なが》れることもあるため、破壊力《はかいりょく》が強《つよ》く、とても危険《きけん》であり、大《おお》きな災害《さいがい》になることがあります。ダムが決壊《けっかい》して発生《はっせい》する場合《ばあい》もあります。

## 土石流《どせきりゅう》による被害《ひがい》

日本《にほん》では過去《かこ》に土石流《どせきりゅう》による大《おお》きな被害《ひがい》がくり返《かえ》し起《お》こりました。

２０１４年《ねん》８月《がつ》には、広島《ひろしま》で集中豪雨《しゅうちゅうごうう》によって土石流《どせきりゅう》が発生《はっせい》し、数十名《すうじゅうめい》の方《かた》が亡《な》くなりました。土石流《どせきりゅう》が起《お》こりやすい日本《にほん》には、水《みず》をためるためのダムではなく、土砂《どしゃ》災害《さいがい》を防《ふせ》ぐためのダムもあります。このようなダムを**砂防《さぼう》ダム**といい、土石流《どせきりゅう》を止《と》めるなどのはたらきがあります。

## ゆっくり移動《いどう》する「地《じ》すべり」

**地《じ》すべり**は、土砂《どしゃ》が地中《ちちゅう》のある面《めん》に沿《そ》ってすべり出《だ》す現象《げんしょう》です。ゆるやかな斜面《しゃめん》がゆっくりと移動《いどう》することが多《おお》く、広《ひろ》い範囲《はんい》が動《うご》くこともあります。地下《ちか》の粘土《ねんど》の上《うえ》はすべりやすくなっていますので、地《じ》すべりは粘土《ねんど》の上《うえ》の斜面《しゃめん》で起《お》こりやすくなっています。

地《じ》すべりが起《お》こる前《まえ》には、地面《じめん》が陥没《かんぼつ》したり、地面《じめん》に亀裂《きれつ》ができたりすることがあります。

すべり面《めん》
地《じ》すべり
粘土《ねんど》

地《じ》すべり

## 土砂災害《どしゃさいがい》の警戒情報《けいかいじょうほう》

大雨《おおあめ》などによって、土砂災害《どしゃさいがい》がいつ発生《はっせい》してもおかしくないときには、都道府県《とどうふけん》と気象庁《きしょうちょう》が土砂災害警戒情報《どしゃさいがいけいかいじょうほう》を発表《はっぴょう》します。

また、土砂災害《どしゃさいがい》が起《お》こりそうな場所《ばしょ》では、土砂災害危険箇所《どしゃさいがいきけんかしょ》マップが作成《さくせい》されています。災害《さいがい》が発生《はっせい》する前《まえ》に、このような情報《じょうほう》を活用《かつよう》して、早《はや》めに避難《ひなん》することが重要《じゅうよう》になります。

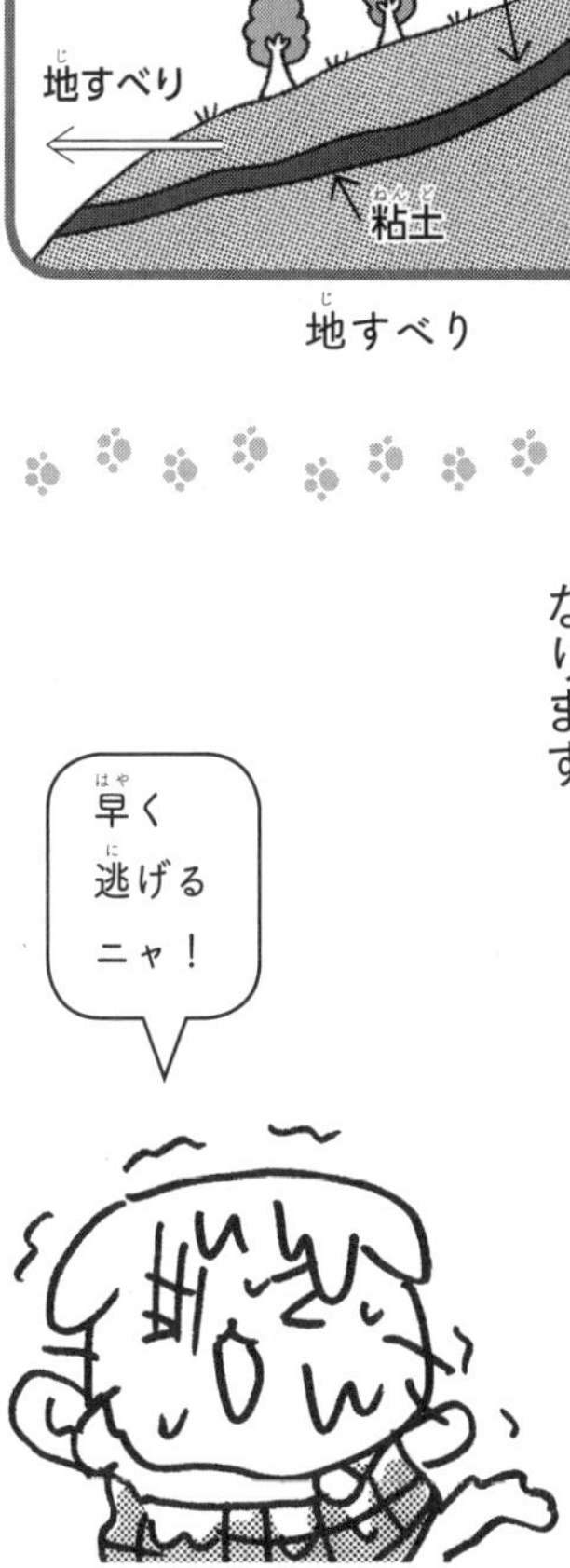
早《はや》く逃《に》げるニャ！

## 【日本《にほん》でよく起《お》こる】

# 地震《じしん》

地震《じしん》は
どのようにして
起《お》こるのカモ？

震度《しんど》と
マグニチュードの
違《ちが》いは何《なに》カモ？

### 鴨長明《かものちょうめい》が残《のこ》した記録《きろく》「文治地震《ぶんじじしん》」

西暦《せいれき》1185年《ねん》に、日本《にほん》で文治地震《ぶんじじしん》とよばれる巨大《きょだい》地震《じしん》が起《お》こりました。この地震《じしん》が発生《はっせい》した場所《ばしょ》は、くわしくわかっていませんが、京都《きょうと》などで被害《ひがい》が大《おお》きかったと考《かんが》えられています。この地震《じしん》の様子《ようす》は、鴨長明《かものちょうめい》の『方丈記《ほうじょうき》』などに記《しる》されています。

案内役《あんないやく》は
**鴨《かもの》長《ちょう》明《めい》先生《せんせい》**
生没年《せいぼつねん》 西暦《せいれき》1155？〜1216年《ねん》

## 地震《じしん》の発生《はっせい》

地下《ちか》には大《おお》きな岩石《がんせき》の塊《かたまり》があります。これを岩盤《がんばん》といいます。岩盤《がんばん》に力《ちから》が加《くわ》わると、岩盤《がんばん》はゆがんで変形《へんけい》し、破壊《はかい》されることもあります。岩盤《がんばん》が破壊《はかい》されたところから揺《ゆ》れがまわりに伝《つた》わっていきますので、岩盤《がんばん》が破壊《はかい》されたときに**地震《じしん》**が起《お》こるのです。

その翌年《よくねん》今度《こんど》は大地震《だいじしん》が発生《はっせい》したカモ…
大地震《だいじしん》!?
次々《つぎつぎ》とたいへんニャ〜
サラ サラ

岩盤《がんばん》が破壊《はかい》されると、岩盤《がんばん》の割《わ》れ目《め》を境《さかい》に両《りょう》側《がわ》の岩盤《がんばん》がずれるように動《うご》きます。この岩盤《がんばん》のずれを**断層《だんそう》**といいます。

## 「本震《ほんしん》」と「余震《よしん》」

地震《じしん》は連続《れんぞく》して発生《はっせい》することがあります。その中《なか》で最《もっと》も大《おお》きい地震《じしん》を**本震《ほんしん》**といいます。本震《ほんしん》の後《あと》に起《お》こる地《じ》震《しん》を**余震《よしん》**といいます。本震《ほんしん》の前《まえ》にも小《ちい》さな地震《じしん》が起《お》こることがありますが、これは**前震《ぜんしん》**といい、余震《よしん》とはいいません。大《おお》きな地震《じしん》ほど余震《よしん》の発《はっ》生回数《せいかいすう》は多《おお》くなる傾向《けいこう》があります。**文治地《ぶんじじ》震《しん》**の余震《よしん》は、何《なん》か月《げつ》も続《つづ》いたといわれています。

大地震《だいじしん》はなにもかもを破壊《はかい》し尽《つ》くしたカモ…
こわいのニャー
サラ サラ
ブルブル

## 日本付近《にほんふきん》のプレート

地球《ちきゅう》の表面《ひょうめん》をおおう板状《いたじょう》のかたい岩盤《がんばん》を**プレート**といいます。お皿《さら》やお盆《ぼん》は、英語《えいご》でプレートといいます。プレートはお皿《さら》やお盆《ぼん》のように、地球《ちきゅう》の表面《ひょうめん》に広《ひろ》がった岩盤《がんばん》です。地球《ちきゅう》の表面《ひょうめん》はいくつかのプレートでおおわれていて、1万《まん》km以上《いじょう》広《ひろ》がったプレートもあります。

日本付近には、4枚《まい》のプレートが分布《ぶんぷ》しています。このうち、**太平洋《たいへいよう》プレート**と**フィリピン海《かい》プレート**が日本《にほん》に近《ちか》づくような動《うご》きをしていますので、日本列島《にほんれっとう》の岩盤《がんばん》には押《お》されるような力《ちから》がはたらいています。この力《ちから》が地震《じしん》を引《ひ》き起《お》こす原因《げんいん》となっているのです。

プレートは
1年《ねん》に数《すう》cmだけ
矢印《やじるし》の方向《ほうこう》に
動《うご》いているカモ！

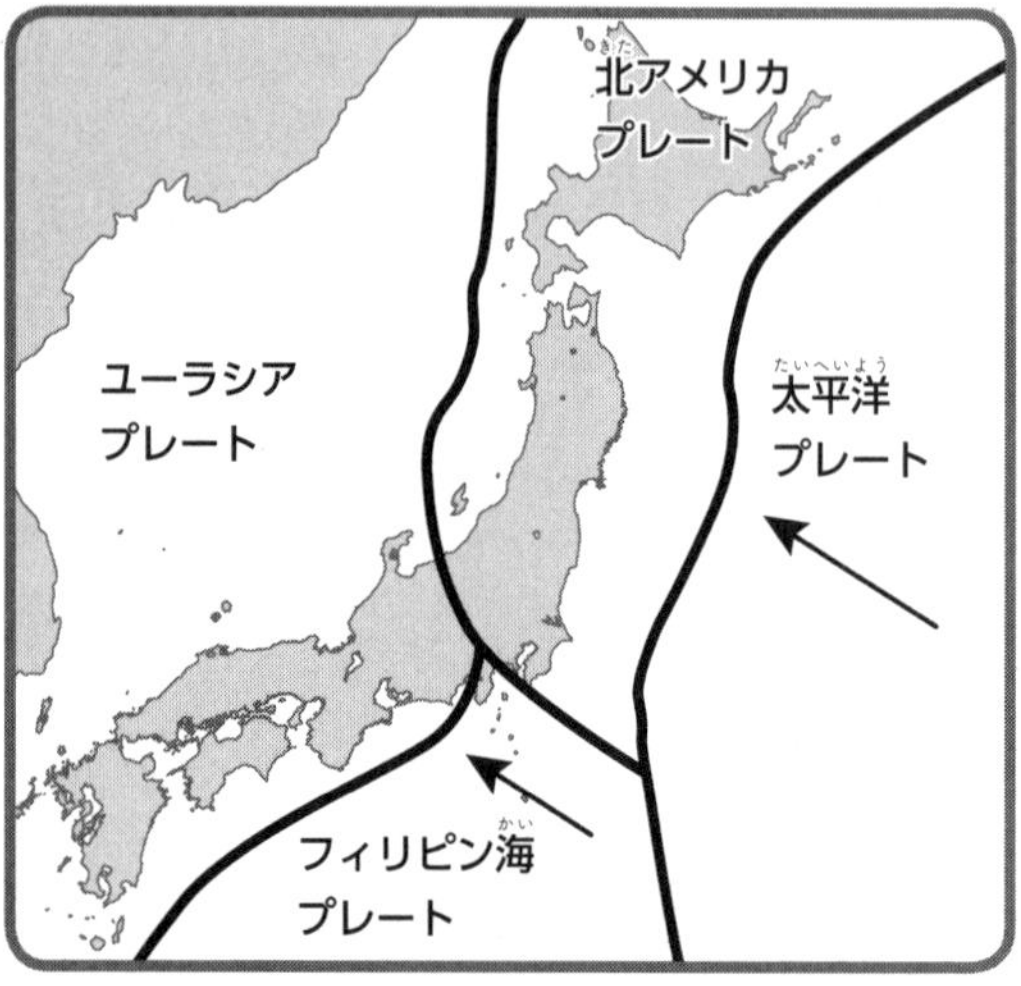
北《きた》アメリカ
プレート
ユーラシア
プレート
太平洋《たいへいよう》
プレート
フィリピン海《かい》
プレート
日本付近《にほんふきん》のプレートの分布《ぶんぷ》

## 10段階《だんかい》の「震度《しんど》」

ある場所《ばしょ》での地震《じしん》の揺《ゆ》れの大《おお》きさを**震度**《しんど》といいます。日本《にほん》では、気象庁《きしょうちょう》が各地《かくち》の震度《しんど》を発表《はっぴょう》しています。気象庁《きしょうちょう》の震度階級《しんどかいきゅう》は小《ちい》さい方《ほう》から、「震度《しんど》0」、「震度《しんど》1」、「震度《しんど》2」、「震度《しんど》3」、「震度《しんど》4」、「震度《しんど》5弱《じゃく》」、「震度《しんど》5強《きょう》」、「震度《しんど》6弱《じゃく》」、「震度《しんど》6強《きょう》」、「震度《しんど》7」の10段階《だんかい》に分《わ》けられています。

例《たと》えば、震度《しんど》4は、多《おお》くの人《ひと》がおどろくような揺《ゆ》れで、棚《たな》の食器《しょっき》が音《おと》を立《た》てます。

## 大《おお》きさを表《あらわ》す「マグニチュード」

地震《じしん》の規模《きぼ》（大《おお》きさ）を表《あらわ》すものを**マグニチュード**といいます。マグニチュードが2大《おお》きくなると、地震《じしん》のエネルギーは1000倍《ばい》（1大《おお》きくなるとエネルギーは約《やく》32倍《ばい》）になります。

地震《じしん》のエネルギーとは、地面《じめん》を動《うご》かす能力《のうりょく》と考《かんが》えることができます。また、マグニチュード7の地震《じしん》は、マグニチュード5の地震《じしん》が1000回同時《かいどうじ》に起《お》こったと考《かんが》えることもできます。

1185年《ねん》の**文治地震**《ぶんじじしん》のマグニチュードは7・4と考《かんが》えられています。2011年《ねん》に起《お》こった**東北地方太平洋沖地震**《とうほくちほうたいへいようおきじしん》のマグニチュードは9・0でした。

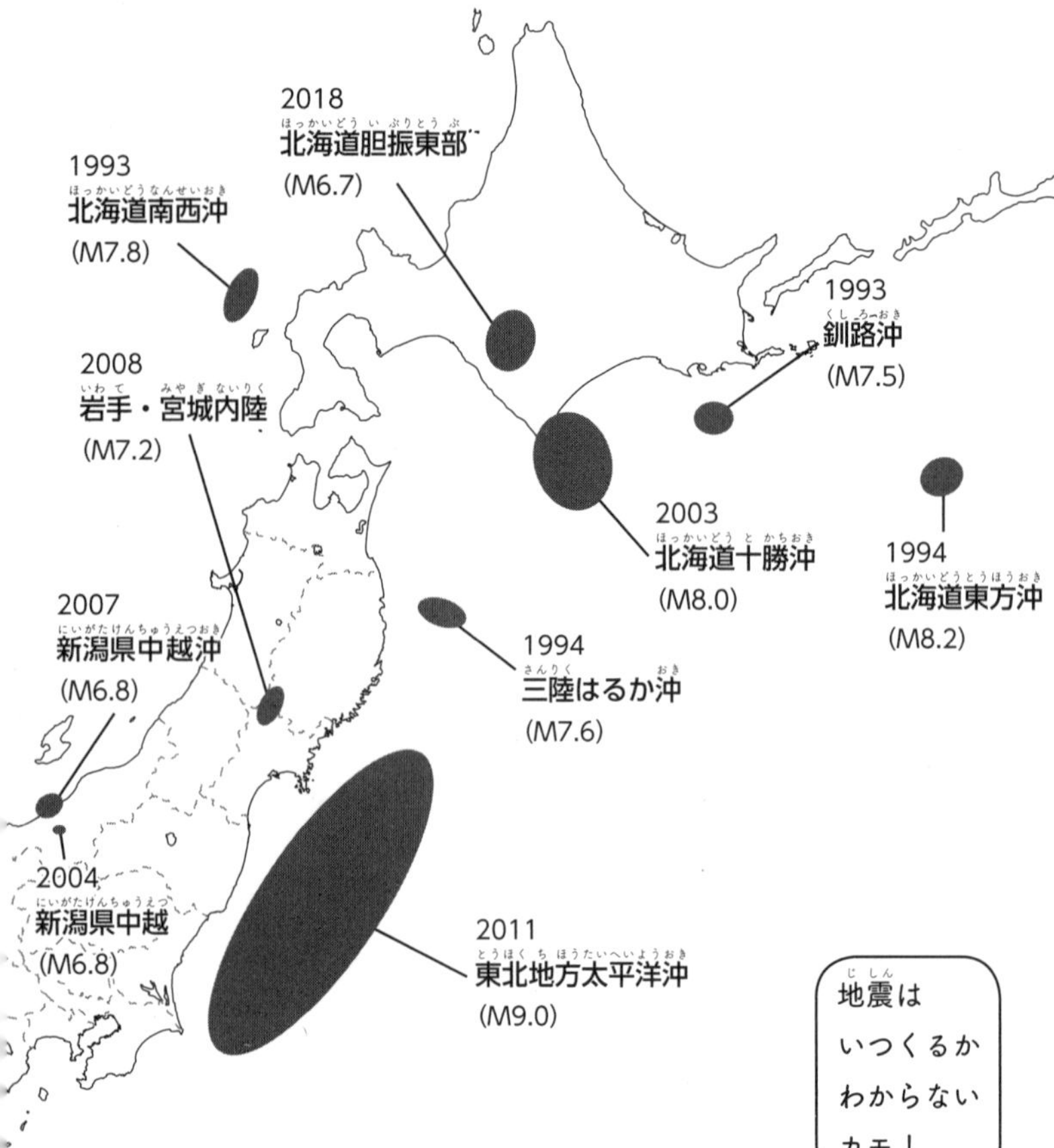
2018
北海道胆振東部《ほっかいどういぶりとうぶ》
(M6.7)
1993
北海道南西沖《ほっかいどうなんせいおき》
(M7.8)
2008
岩手《いわて》・宮城内陸《みやぎないりく》
(M7.2)
1993
釧路沖《くしろおき》
(M7.5)
2003
北海道十勝沖《ほっかいどうとかちおき》
(M8.0)
1994
北海道東方沖《ほっかいどうとうほうおき》
(M8.2)
2007
新潟県中越沖《にいがたけんちゅうえつおき》
(M6.8)
1994
三陸《さんりく》はるか沖《おき》
(M7.6)
2004
新潟県中越《にいがたけんちゅうえつ》
(M6.8)
2011
東北地方太平洋沖《とうほくちほうたいへいようおき》
(M9.0)

地震《じしん》は いつくるか わからない カモ！

過去《かこ》に関東地方《かんとうちほう》で発生《はっせい》した巨大地震《きょだいじしん》

| | | |
|---|---|---|
| 1703年《ねん》 | 元禄関東地震《げんろくかんとうじしん》 | M8.1 |
| 1854年《ねん》 | 安政江戸地震《あんせいえどじしん》 | M7.0 |
| 1923年《ねん》 | 大正関東地震《たいしょうかんとうじしん》 | M8.0 |

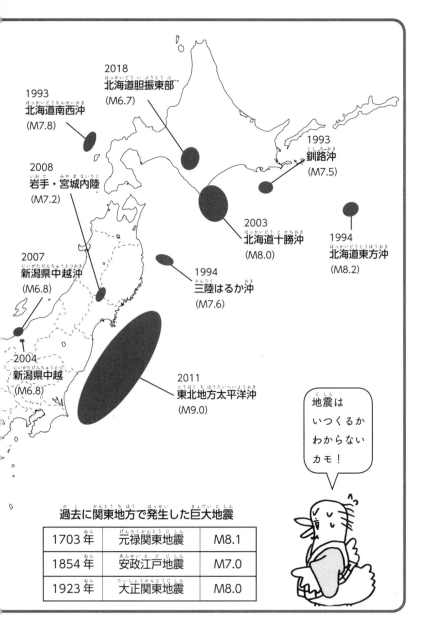

# 1990年《ねん》以《い》降《こう》に日本《にほん》で起《お》こった主《おも》な巨大地震《きょだいじしん》

それぞれ
地震《じしん》が起《お》きた年《とし》、場所《ばしょ》、
規模《きぼ》を表《あらわ》すマグニチュード（M）
が書《か》いてあるカモ！
●は震源域《しんげんいき》（岩盤《がんばん》がずれ動《うご》いた
範囲《はんい》）を示《しめ》しているカモ!!

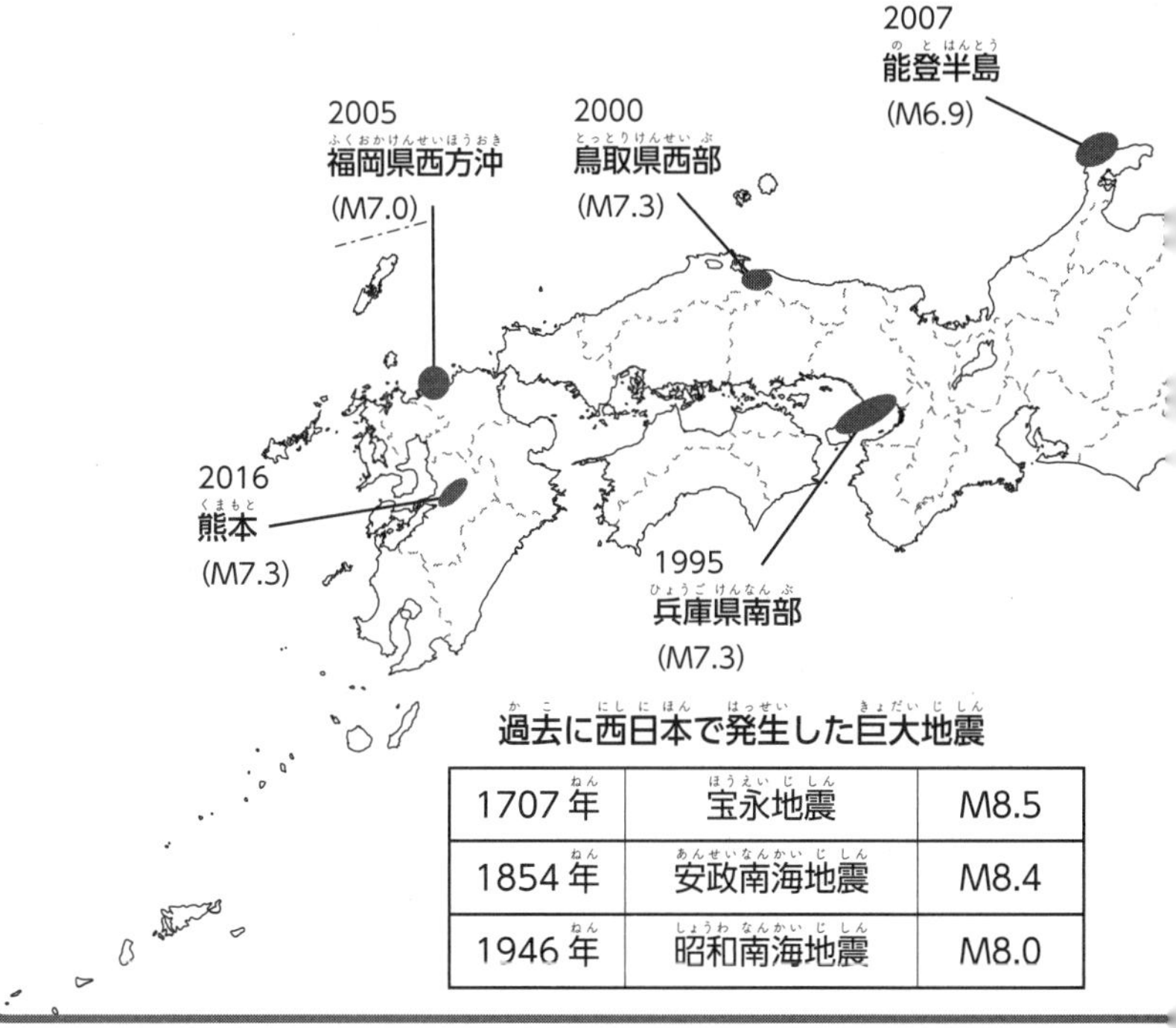
2007
能登半島《のとはんとう》
(M6.9)
2005
福岡県西方沖《ふくおかけんせいほうおき》
(M7.0)
2000
鳥取県西部《とっとりけんせいぶ》
(M7.3)
2016
熊本《くまもと》
(M7.3)
1995
兵庫県南部《ひょうごけんなんぶ》
(M7.3)

### 過去《かこ》に西日本《にしにほん》で発生《はっせい》した巨大地震《きょだいじしん》

| | | |
|---|---|---|
| 1707年《ねん》 | 宝永地震《ほうえいじしん》 | M8.5 |
| 1854年《ねん》 | 安政南海地震《あんせいなんかいじしん》 | M8.4 |
| 1946年《ねん》 | 昭和南海地震《しょうわなんかいじしん》 | M8.0 |

【風《かぜ》がつくる】

# 海《かい》面《めん》の波《なみ》

海《うみ》の波《なみ》は
どのようにできる
のかニャ？
どんな波《なみ》が
あるのか
ニャ？

**海《うみ》の波《なみ》に助《たす》けられた**
**北条時宗《ほうじょうときむね》**

北条時宗《ほうじょうときむね》が鎌倉幕府《かまくらばくふ》の執権《しっけん》をしていた西暦《せいれき》1274年《ねん》と1281年《ねん》に、モンゴル帝国《ていこく》（元《げん》）がユーラシア大陸《たいりく》から海《うみ》を渡《わた》って日本《にほん》に攻《せ》めてきました。これを蒙古襲来《もうこしゅうらい》（元寇《げんこう》）といいます。また、1274年《ねん》の襲来《しゅうらい》は文永《ぶんえい》の役《えき》、1281年《ねん》の襲来《しゅうらい》は弘安《こうあん》の役《えき》といいます。
この戦《たたか》いでは神風《かみかぜ》が吹《ふ》いて、海《うみ》に高《たか》い波《なみ》ができ、多《おお》くの船《ふね》を沈没《ちんぼつ》させたといわれています。

案《あん》内《ない》役《やく》は
**北《ほう》条《じょう》時《とき》宗《むね》先生《せんせい》**
生没年《せいぼつねん》 西暦《せいれき》1251〜1284年《ねん》

## 風《かぜ》が吹《ふ》くところにできる「風浪《ふうろう》」

海面《かいめん》の波《なみ》は、主《おも》に海上《かいじょう》の風《かぜ》によってできます。風《かぜ》が吹《ふ》いている場所《ばしょ》の海上《かいじょう》でできた波《なみ》を**風浪《ふうろう》**といいます。風浪《ふうろう》は、風《かぜ》が吹《ふ》く方《ほう》向《こう》に進《すす》んでいき、風《かぜ》が強《つよ》く、風《かぜ》の吹《ふ》く時間《じかん》が長《なが》いほど発達《はったつ》して、波《なみ》が高《たか》くなります。また、ひとつひとつの波《なみ》の形《かたち》は不規則《ふきそく》で、波《なみ》の先端《せんたん》がとがっています。

一方《いっぽう》、風《かぜ》が吹《ふ》いてなく、波《なみ》もない状態《じょうたい》は**凪《なぎ》**といい、海面《かいめん》はほぼ平《たい》らになっています。

## 遠《とお》くからやってくる「うねり」

風《かぜ》があまり吹《ふ》いていない場所《ばしょ》でも、遠《とお》い場所《ばしょ》で発生《はっせい》した波《なみ》が伝《つた》わってくることがあります。

このような波《なみ》を**うねり**といいます。例《たと》えば、沖縄《おきなわ》の海《うみ》で発生《はっせい》した波《なみ》が、関《かん》東地方《とうちほう》の沿岸《えんがん》に伝《つた》わってくることもあります。うねりはゆっくりと弱《よわ》まっていく波《なみ》ですが、浅《あさ》い海《うみ》では波《なみ》が高《たか》くなることもあります。ひとつひとつの波《なみ》の形《かたち》は規則的《きそくてき》であり、波《なみ》の先端《せんたん》は丸《まる》くなっています。

## 台風《たいふう》がつくる「土用波《どようなみ》」

夏《なつ》から秋《あき》にかけて、遠《とお》く離《はな》れた南《みなみ》の海上《かいじょう》で台風《たいふう》によってつくられた波《なみ》が、日本《にほん》の太《たい》平洋沿岸《へいようえんがん》に、うねりとして伝《つた》わってくることがあります。このような波《なみ》を**土用波《どようなみ》**といいます。

夏《なつ》の土用《どよう》の丑《うし》の日《ひ》（7月《がつ》下旬《げじゅん》～8月上旬《がつじょうじゅん》頃《ごろ》）には、ウナギを食《た》べることがありますよね。この時期《じき》の南《みなみ》の海上《かいじょう》では台風《たいふう》が発生《はっせい》しやすく、日本《にほん》の沿岸《えんがん》にうねりとして波《なみ》が伝《つた》わってくることがあるため、この波《なみ》を土《ど》用波《ようなみ》とよんでいます。このようなときは、台風《たいふう》が遠《とお》くにあっても、高《たか》い波《なみ》にさらわれるような事故《じこ》が起《お》こりやすくなっていますので、海《うみ》で遊《あそ》ぶときには注意《ちゅうい》が必要《ひつよう》です。

風浪《ふうろう》とうねり

## 2つの波《なみ》が混《ま》ざる「波浪《はろう》」

天気予報《てんきよほう》では、波浪注意報《はろうちゅういほう》という言葉《ことば》を聞《き》くことがあります。海《うみ》の波《なみ》には、風浪《ふうろう》とうねりが混《ま》ざっていることが多《おお》く、これらをまとめて**波浪**《はろう》といいます。海上《かいじょう》の船《ふね》や沿岸《えんがん》の地域《ちいき》は、高波《たかなみ》によって被害《ひがい》を受《う》けることがあります。波浪注意報《はろうちゅういほう》は、高波《たかなみ》によって災害《さいがい》が発生《はっせい》するおそれがあるときに、気象庁《きしょうちょう》が発表《はっぴょう》しています。

**コラム**

気象庁《きしょうちょう》は、注意報《ちゅういほう》、警報《けいほう》、特別警報《とくべつけいほう》を発表《はっぴょう》することがあります。特《とく》に、重大《じゅうだい》な災害《さいがい》が発生《はっせい》するおそれがあるときには、警報《けいほう》や特別警報《とくべつけいほう》を発表《はっぴょう》しています。

## 海底《かいてい》が動《うご》いてできる「津波《つなみ》」

海底《かいてい》の浅《あさ》いところで大《おお》きな地震《じしん》が起《お》こると、海底《かいてい》が隆起《りゅうき》（上昇《じょうしょう》）することがあります。このとき、海底《かいてい》から海面《かいめん》までの海水全体《かいすいぜんたい》が押《お》し上《あ》げられます。

押《お》し上《あ》げられた海水《かいすい》は**津波**《つなみ》となって広《ひろ》がるように伝《つた》わっていきます。津波《つなみ》は約《やく》1日《にち》かけて、地球《ちきゅう》の反対側《はんたいがわ》まで到達《とうたつ》することもあります。

# 海流《かいりゅう》

【海《かい》面《めん》付《ふ》近《きん》の流《なが》れ】

日本《にほん》の海《うみ》には、
どんな海流《かいりゅう》が
あるかニャ？
海流《かいりゅう》をつくる風《かぜ》は
どのように
吹《ふ》いているかニャ？

**海流《かいりゅう》に乗《の》って
日本《にほん》へやってきた
「フランシスコ・ザビエル」**

西暦《せいれき》1549年《ねん》に、外国人《がいこくじん》のフランシスコ・ザビエルが鹿児島《かごしま》に上陸《じょうりく》しました。ザビエルは、日本《にほん》に初《はじ》めてキリスト教《きょう》を伝《つた》えた人物《じんぶつ》です。ザビエルの一行《いっこう》は、沖縄《おきなわ》の南《みなみ》の方《ほう》から黒潮《くろしお》という海流《かいりゅう》に乗《の》って北上《ほくじょう》し、南西諸島《なんせいしょとう》（沖縄諸島《おきなわしょとう》や奄美群島《あまみぐんとう》など）を通《とお》って鹿児島《かごしま》にやってきたと考《かんが》えられています。

**案内役《あんないやく》は
フランシスコ・
ザビエル先生《せんせい》**
**生没年《せいぼつねん》** 西暦《せいれき》1506〜1552年《ねん》

## 風《かぜ》によってできる「海流《かいりゅう》」

海面付近《かいめんふきん》において、ほぼ決《き》まった方向《ほうこう》に流《なが》れる海水《かいすい》の流《なが》れを**海流《かいりゅう》**といいます。海流《かいりゅう》は、海《うみ》の上《うえ》を吹《ふ》く風《かぜ》によって発生《はっせい》するため、海《うみ》の浅《あさ》いところにできます。海《うみ》の深《ふか》いところには、風《かぜ》の影響《えいきょう》はほとんどありません。

海流《かいりゅう》は、多《おお》くの魚《さかな》を連《つ》れてきます。日本《にほん》の海《うみ》には、北側《きたがわ》からの海流《かいりゅう》と南《みなみ》側《がわ》から海流《かいりゅう》が流《なが》れ込《こ》んでいますので、寒《さむ》い海《うみ》の魚《さかな》と暖《あたた》かい海《うみ》の魚《さかな》の両方《りょうほう》が集《あつ》まってきます。

西暦《せいれき》1549年《ねん》
フランシスコザビエルが来日《らいにち》…
…
フランシスコザビエル

## 流《なが》れが速《はや》い「黒潮《くろしお》」

日本《にほん》の南側《みなみがわ》には、**太平洋《たいへいよう》**という海《うみ》があります。**黒潮《くろしお》**は太平洋《たいへいよう》の西側《にしがわ》を北上《ほくじょう》し、日本《にほん》の太平洋側《たいへいようがわ》（南側《みなみがわ》）を東向《ひがしむ》きに流《なが》れる海流《かいりゅう》です。一方《いっぽう》、北海道《ほっかいどう》の東《ひがし》の方《ほう》からは、**親潮《おやしお》**という海流《かいりゅう》が流《なが》れてきます。親潮《おやしお》とくらべると、黒潮《くろしお》の流《なが》れの速《はや》さは5倍《ばい》くらいあります。黒潮《くろしお》は、大西洋《たいせいよう》のメキシコ湾流《わんりゅう》とあわせて、世界《せかい》の二大海流《にだいかいりゅう》とよばれることもあります。

キリスト教《きょう》の布教《ふきょう》を開始《かいし》
実《じつ》はマタタビでできている
ゴロゴロ
いいかおりニャー
ゴロゴロ

## 地球《ちきゅう》をめぐる「大気《たいき》の大循環《だいじゅんかん》」

地球上《ちきゅうじょう》では大規模《だいきぼ》な風《かぜ》が吹《ふ》くことによって、空気《くうき》が循環《じゅんかん》しています。これを大気《たいき》の大循環《だいじゅんかん》といいます。

赤道《せきどう》に近《ちか》い地域《ちいき》では、**貿易風《ぼうえきふう》**という東《ひがし》よりの風《かぜ》が吹《ふ》いています。東《ひがし》よりの風《かぜ》とは、東《ひがし》から西《にし》に向《む》かって吹《ふ》く風《かぜ》のことです。

また、赤道《せきどう》と北極《ほっきょく》の中間的《ちゅうかんてき》な地域《ちいき》（日本《にほん》付近《ふきん》）では、**偏西風《へんせいふう》**という西《にし》よりの風《かぜ》が吹《ふ》いています。西《にし》よりの風《かぜ》とは、西《にし》から東《ひがし》に向《む》かって吹《ふ》く風《かぜ》のことです。

南半球《みなみはんきゅう》にも偏西風《へんせいふう》が吹《ふ》いているニャ!!

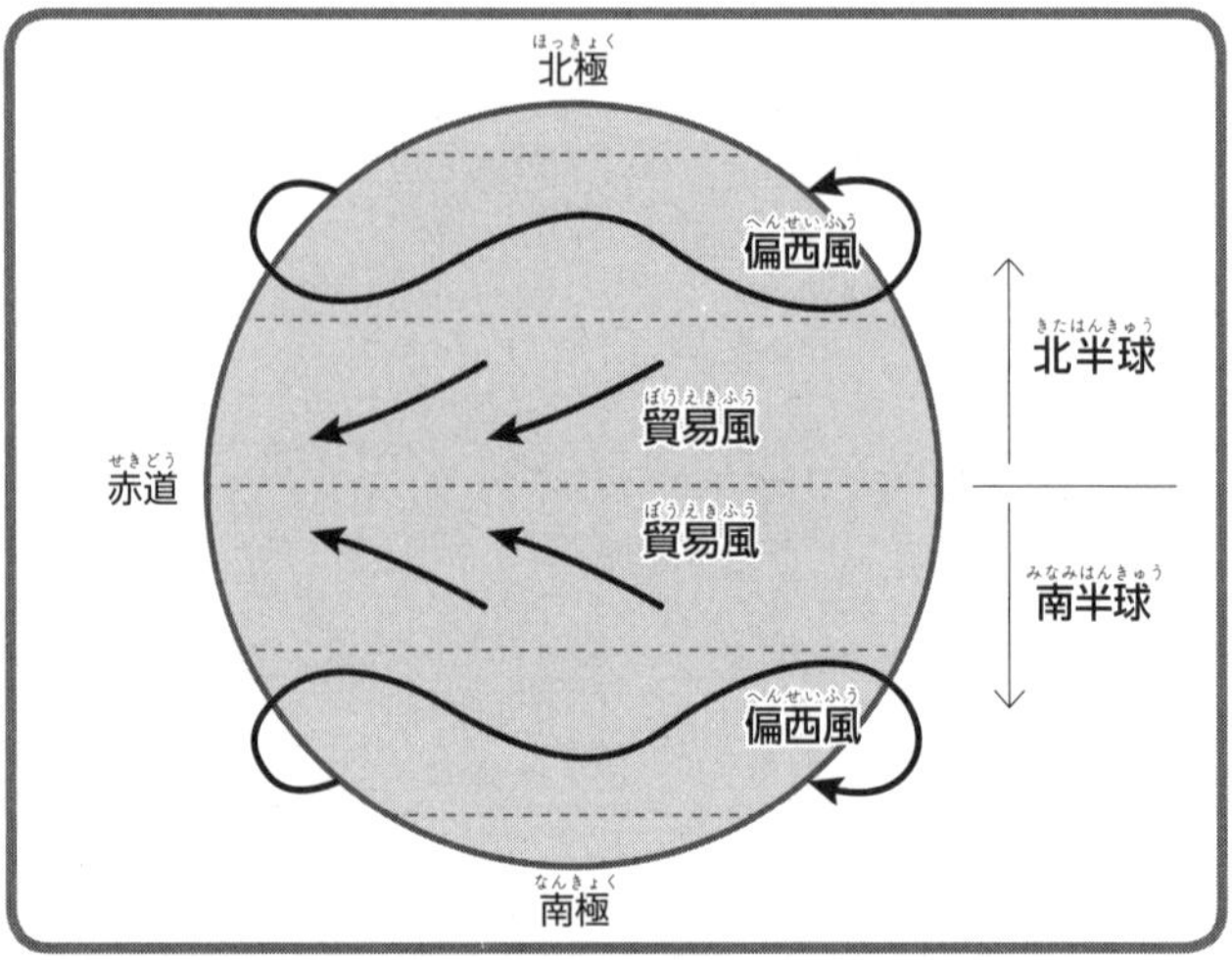
北極《ほっきょく》
偏西風《へんせいふう》
北半球《きたはんきゅう》
貿易風《ぼうえきふう》
赤道《せきどう》
貿易風《ぼうえきふう》
南半球《みなみはんきゅう》
偏西風《へんせいふう》
南極《なんきょく》

大気《たいき》の大循環《だいじゅんかん》

## 北太平洋《きたたいへいよう》の海流《かいりゅう》

赤道付近《せきどうふきん》では、貿易風《ぼうえきふう》が東《ひがし》から西《にし》に向《む》かって吹《ふ》いています。海上《かいじょう》の風《かぜ》によって海水《かいすい》が流《なが》れますので、赤道付近《せきどうふきん》では貿易風《ぼうえきふう》によって西向《にしむ》きに流《なが》れる**北赤道海流《きたせきどうかいりゅう》**ができます。

一方《いっぽう》、日本付近《にほんふきん》では、偏西風《へんせいふう》が西《にし》から東《ひがし》に向《む》かって吹《ふ》いています。日本《にほん》の東側《ひがしがわ》の海《うみ》では、偏西風《へんせいふう》によって東向《ひがしむ》きに流《なが》れる**北太《きたたい》平洋海流《へいようかいりゅう》**ができます。

北赤道海流《きたせきどうかいりゅう》は、北太平洋《きたたいへいよう》の西側《にしがわ》で**黒潮《くろしお》**となり、北太平洋海流《きたたいへいようかいりゅう》は、北太平洋《きたたいへいよう》の東側《ひがしがわ》で**カリフォルニア海流《かいりゅう》**となります。北太平洋《きたたいへいよう》のこれら4つの海流《かいりゅう》は、下《した》の図《ず》のように、時計回《とけいまわ》りに環《わ》を描《えが》くように流《なが》れています。

このような流《なが》れを**環流《かんりゅう》**といいます。

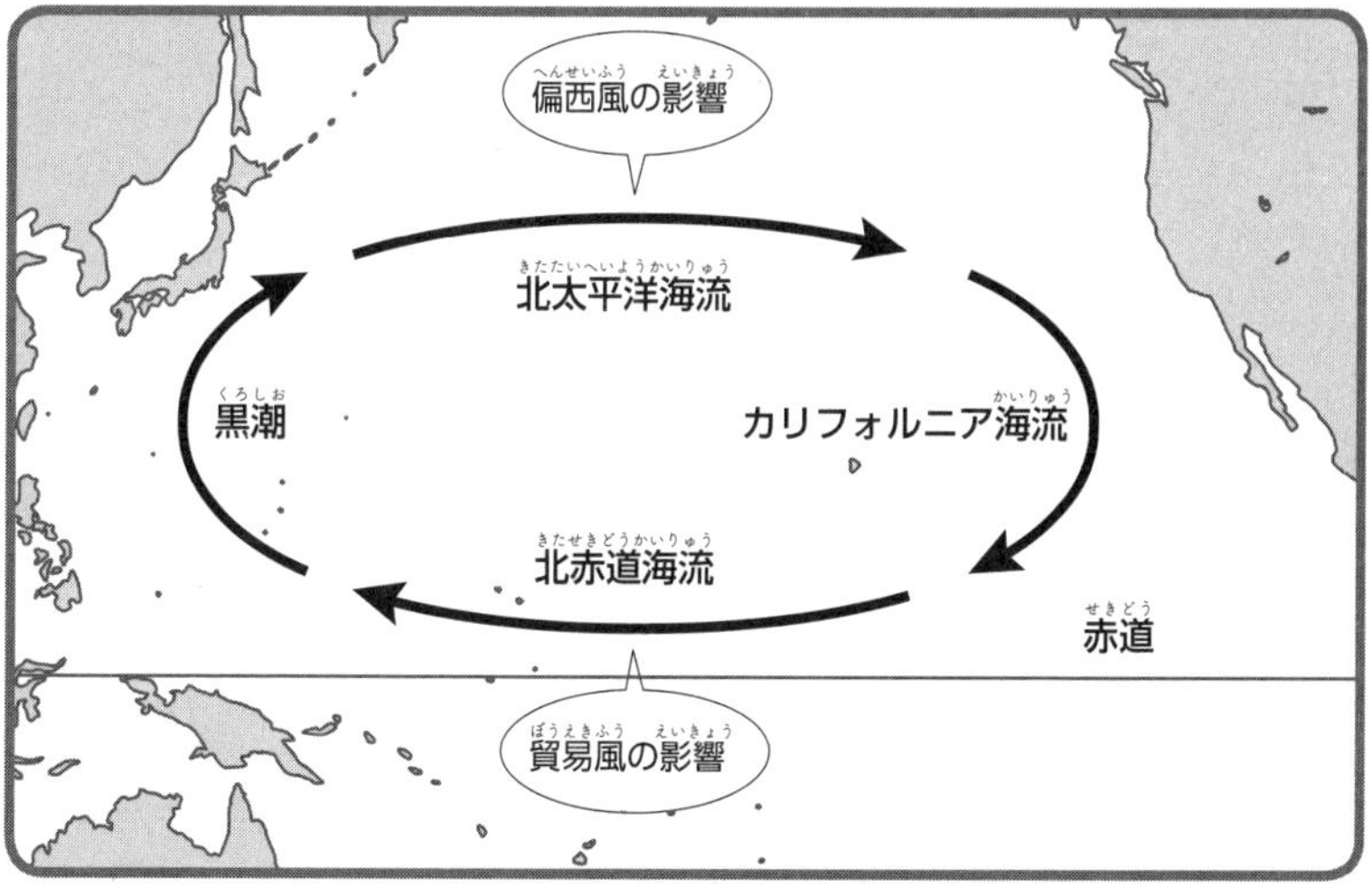


北太平洋《きたたいへいよう》の海流《かいりゅう》

# どんな海流《かいりゅう》があるのかな？

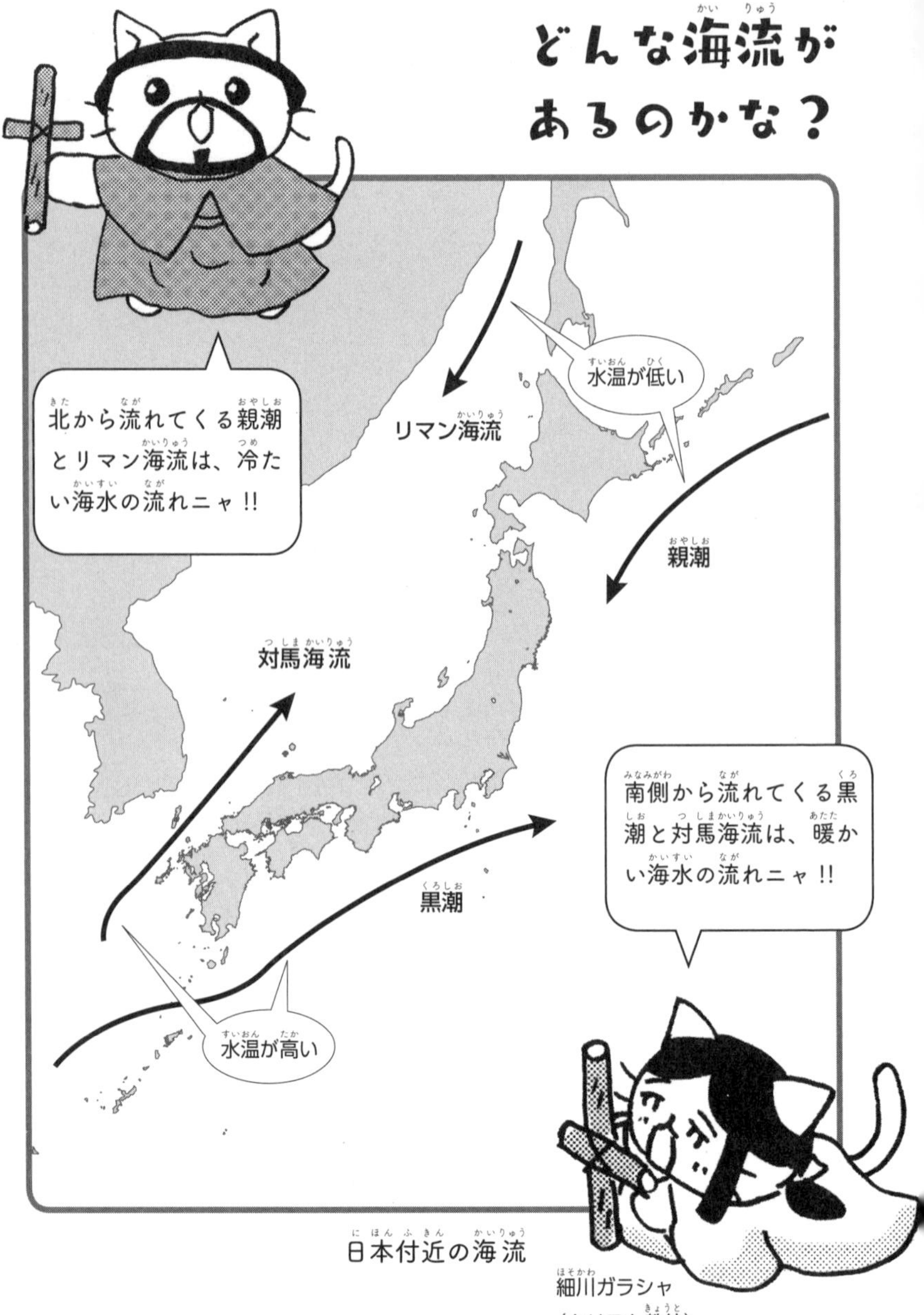

北《きた》から流《なが》れてくる親潮《おやしお》とリマン海流《かいりゅう》は、冷《つめ》たい海水《かいすい》の流《なが》れニャ!!
リマン海流《かいりゅう》
水温《すいおん》が低《ひく》い
親潮《おやしお》
対馬海流《つしまかいりゅう》
黒潮《くろしお》
水温《すいおん》が高《たか》い
南側《みなみがわ》から流《なが》れてくる黒潮《くろしお》と対馬海流《つしまかいりゅう》は、暖《あたた》かい海水《かいすい》の流《なが》れニャ!!


日本付近《にほんふきん》の海流《かいりゅう》

細川《ほそかわ》ガラシャ
（キリスト教徒《きょうと》）

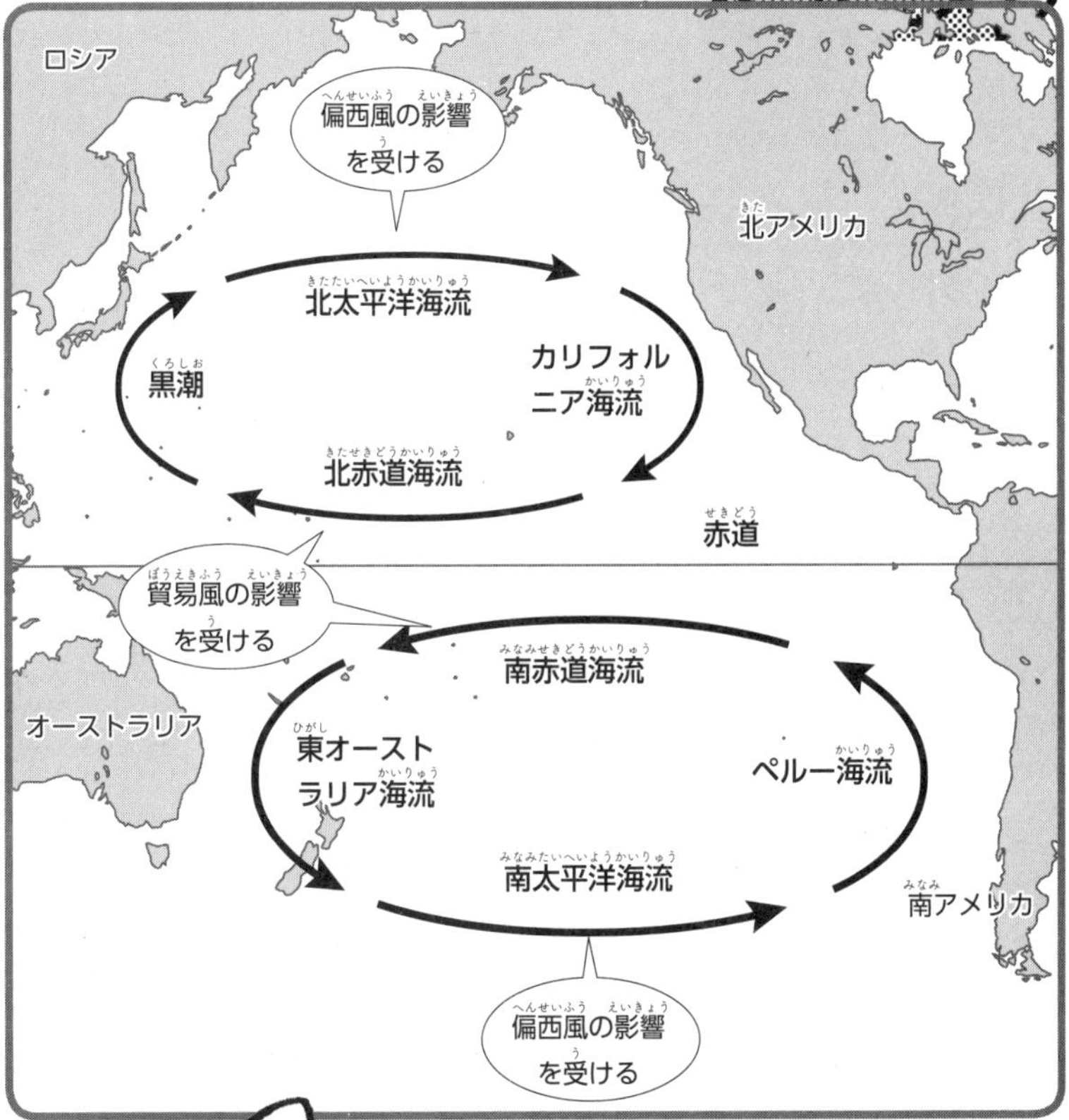


太平洋《たいへいよう》の海流《かいりゅう》

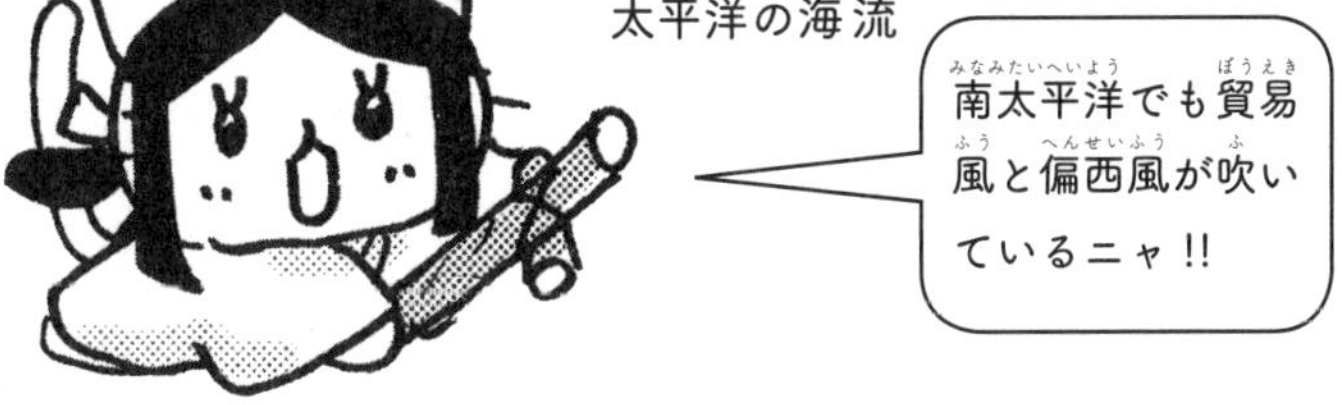

# 潮《ちょう》汐《せき》

【海面《かいめん》の高《たか》さが変《か》わる】

潮流《ちょうりゅう》とは何《なに》かニャ？

満潮《まんちょう》と干潮《かんちょう》とは何《なに》かニャ？

## 源《みなもとの》義経《よしつね》が潮流《ちょうりゅう》に乗《の》って勝利《しょうり》した「壇ノ浦《だんのうら》の戦《たたか》い」

平安時代《へいあんじだい》の終《お》わり（西暦《せいれき》1185年《ねん》）に、源氏《げんじ》と平氏《へいし》の最後《さいご》の戦《たたか》いである壇ノ浦《だんのうら》の戦《たたか》いが起《お》こりました。この戦《たたか》いは、関門海峡《かんもんかいきょう》（本州《ほんしゅう》と九州《きゅうしゅう》の間《あいだ》の狭《せま》い海《うみ》）の一角《いっかく》である壇《だん》ノ浦《うら》で行《おこな》われました。

関門海峡《かんもんかいきょう》は、潮《しお》（海水《かいすい》）の流《なが》れが速《はや》く、流《なが》れの変化《へんか》も激《はげ》しい海峡《かいきょう》です。源《みなもとの》義経《よしつね》は、この潮《しお》の流《なが》れに助《たす》けられたのだともいわれています。

案内役《あんないやく》は
源《みなもとの》義《よし》経《つね》先生《せんせい》
生没年《せいぼつねん》 西暦《せいれき》1159～1189年《ねん》

## 「潮汐《ちょうせき》」と「潮流《ちょうりゅう》」

海面《かいめん》の高《たか》さは、上《あ》がったり、下《さ》がったり、毎日《まいにち》くり返《かえ》し変化《へんか》しています。この現象《げんしょう》を**潮汐**《ちょうせき》といいます。海面《かいめん》が上《あ》がるときは、まわりの海域《かいいき》から海水《かいすい》が流《なが》れ込《こ》み、海面《かいめん》が下《さ》がるときは、まわりの海域《かいいき》に海水《かいすい》が流《なが》れ出《で》ています。このような海水《かいすい》の流《なが》れを**潮流**《ちょうりゅう》（潮《しお》の流《なが》れ）といいます。船《ふね》は潮流《ちょうりゅう》と同《おな》じ方向《ほうこう》には動《うご》きやすくなりますが、潮《ちょう》流《りゅう》と反対方向《はんたいほうこう》には動《うご》きにくくなります。

## 「満潮《まんちょう》」と「干潮《かんちょう》」

海面《かいめん》が最《もっと》も高《たか》くなるときを**満**《まん》**潮**《ちょう》といい、海面《かいめん》が最《もっと》も低《ひく》くなるときを**干潮**《かんちょう》といいます。満潮《まんちょう》から次《つぎ》の満潮《まんちょう》までの時間《じかん》、または干潮《かんちょう》から次《つぎ》の干潮《かんちょう》までの時間《じかん》は、約《やく》12時間《じかん》25分《ふん》です。1日《にち》は24時間《じかん》ですから、1日《にち》にほぼ2回《かい》ずつ満潮《まんちょう》と干潮《かんちょう》があります。場所《ばしょ》にもよりますが、海面《かいめん》の高《たか》さは、満潮《まんちょう》のときと干潮《かんちょう》のときで、5mくらい変化《へんか》することもあります。

## 日本一《にほんいち》の干潟《ひがた》ができる「有明海《ありあけかい》」

**有明海《ありあけかい》**は、福岡県《ふくおかけん》・佐賀県《さがけん》・長崎県《ながさきけん》・熊本県《くまもとけん》に囲《かこ》まれた場所《ばしょ》にある水深《すいしん》の浅《あさ》い海《うみ》です。有明海《ありあけかい》では、満潮《まんちょう》のときに海面《かいめん》が大《おお》きく上昇《じょうしょう》し、干潮《かんちょう》のときには海面《かいめん》が大《おお》きく低《てい》下《か》するため、潮汐《ちょうせき》による海面《かいめん》の変化《へんか》を観察《かんさつ》しやすい海《うみ》でもあります。

海面《かいめん》が下《さ》がったときには、有明海《ありあけかい》に日本《にほん》一《いち》広《ひろ》い**干潟《ひがた》**が現《あらわ》れます。夏《なつ》の干潟《ひがた》の上《うえ》では、ムツゴロウ（ハゼ科《か》の魚《さかな》）やカニなどの多《おお》くの生物《せいぶつ》も観察《かんさつ》できます。

## 海面《かいめん》の変化《へんか》が大《おお》きい「大潮《おおしお》」

満潮《まんちょう》のときの海面《かいめん》の高《たか》さは、毎日《まいにち》同《おな》じではありません。満潮《まんちょう》のときに海面《かいめん》が特《とく》に大《おお》きく上昇《じょうしょう》し、干潮《かんちょう》のときに海面《かいめん》が特《とく》に大《おお》きく低下《ていか》するような日《ひ》もあります。このようなときを**大潮《おおしお》**といいます。干潟《ひがた》が最《もっと》も大《おお》きく現《あらわ》れるのは、海面《かいめん》が最《もっと》も下《さ》がったときですよね。つまり、大潮《おおしお》の日《ひ》の干潮《かんちょう》のときに、有明海《ありあけかい》の干潟《ひがた》は日本一《にほんいち》の広《ひろ》さになります。

### コラム

毎年《まいとし》5月下旬《がつげじゅん》～6月《がつ》上旬《じょうじゅん》に、有明海《ありあけかい》の干《ひ》潟《がた》の上《うえ》で「鹿島《かしま》ガタリンピック」が開催《かいさい》されています。干潟《ひがた》の上《うえ》でどろんこになりながらの競技《きょうぎ》が行《おこな》われています。

海面《かいめん》が上《あ》がったときの有明海《ありあけかい》

海面《かいめん》が下《さ》がったときの有明海《ありあけかい》

# ねこねこクイズ③

**問題《もんだい》1**

河川《かせん》の3つのはたらきとは、侵食《しんしょく》・運搬《うんぱん》とあともうひとつは何《なに》？

❶ 流石《りゅうせき》
❷ 堆積《たいせき》
❸ 変動《へんどう》

**問題《もんだい》2**

河川《かせん》の上流《じょうりゅう》で谷底《たにぞこ》が深《ふか》く削《けず》られた地形《ちけい》を何《なん》という？

❶ Y字谷《じこく》
❷ W字谷《じこく》
❸ V字谷《じこく》

**問題《もんだい》3**

谷底《たにぞこ》の土砂《どしゃ》や岩石《がんせき》が水《みず》といっしょに流《なが》れ下《くだ》る現象《げんしょう》を何《なん》という？

❶ 土石流《どせきりゅう》
❷ 地《じ》すべり
❸ がけ崩《くず》れ

**問題《もんだい》4**

地震《じしん》は地下《ちか》の何《なに》が破壊《はかい》されたときに起《お》こる？

❶ 鉄板《てっぱん》
❷ 岩盤《がんばん》
❸ ダイヤモンド

## 問題《もんだい》5

気象庁《きしょうちょう》が発表《はっぴょう》する震度《しんど》のうち、一番《いちばん》大《おお》きい数字《すうじ》はどれ？

❶ 5

❷ 6

❸ 7

## 問題《もんだい》6

日本《にほん》付近《ふきん》の海流《かいりゅう》で最《もっと》も流《なが》れが速《はや》いのはどれ？

❶ 親潮《おやしお》

❷ 黒潮《くろしお》

❸ 対馬海流《つしまかいりゅう》

## 問題《もんだい》7

1日《にち》にほぼ2回《かい》ずつ、海面《かいめん》が上下《じょうげ》することを何《なん》という？

❶ 潮汐《ちょうせき》

❷ 潮流《ちょうりゅう》

❸ 潮位《ちょうい》

## 問題《もんだい》8

日本一《にほんいち》大《おお》きな干潟《ひがた》が現《あらわ》れるのはどこの海《うみ》？

❶ 有明海《ありあけかい》

❷ 瀬戸内海《せとないかい》

❸ 東京湾《とうきょうわん》

# 答《こた》え

答《こた》え1

❷

堆積《たいせき》とは、運《はこ》ばれてきた土砂《どしゃ》が川《かわ》底《ぞこ》や海底《かいてい》などに積《つ》もっていくことです。

答《こた》え2

❸

河川《かせん》の上流《じょうりゅう》では流《なが》れが速《はや》く、川底《かわぞこ》を掘《ほ》り下《さ》げるような侵食《しんしょく》が起《お》きるため、谷《たに》の形《かたち》がV字《じ》になります。

答《こた》え3

❶

谷底《たにぞこ》の土砂《どしゃ》や岩石《がんせき》が、大雨《おおあめ》などによる水《みず》といっしょに高速《こうそく》で流《なが》れ下《くだ》る現象《げんしょう》を土石流《どせきりゅう》といいます。

答《こた》え4

❷

地下《ちか》の岩盤《がんばん》に力《ちから》が加《くわ》わり、岩盤《がんばん》が破壊《はかい》されたときに、地震《じしん》が発生《はっせい》します。

答《こた》え5

❸

気象庁《きしょうちょう》が発表《はっぴょう》する震度階級《しんどかいきゅう》は、全《ぜん》部《ぶ》で10段階《だんかい》あり、最《もっと》も大《おお》きい震度《しんど》は7です。

答《こた》え6

❷

黒潮《くろしお》は流《なが》れが速《はや》く、日本付近《にほんふきん》の他《ほか》の海流《かいりゅう》とくらべて、数倍《すうばい》くらいの速《はや》さがあります。

答《こた》え7

❶

海面《かいめん》が1日《にち》にほぼ2回《かい》ずつ、上《あ》がったり下《さ》がったりする現象《げんしょう》を潮《ちょう》汐《せき》といいます。

答《こた》え8

❶

福岡県《ふくおかけん》・佐賀県《さがけん》・長崎県《ながさきけん》・熊本県《くまもとけん》に囲《かこ》まれた有明海《ありあけかい》は、水深《すいしん》が浅《あさ》く、日本最大《にほんさいだい》の干潟《ひがた》が現《あらわ》れます。

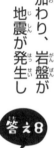

# 第《だい》四章《よんしょう》　お天気《てんき》編《へん》

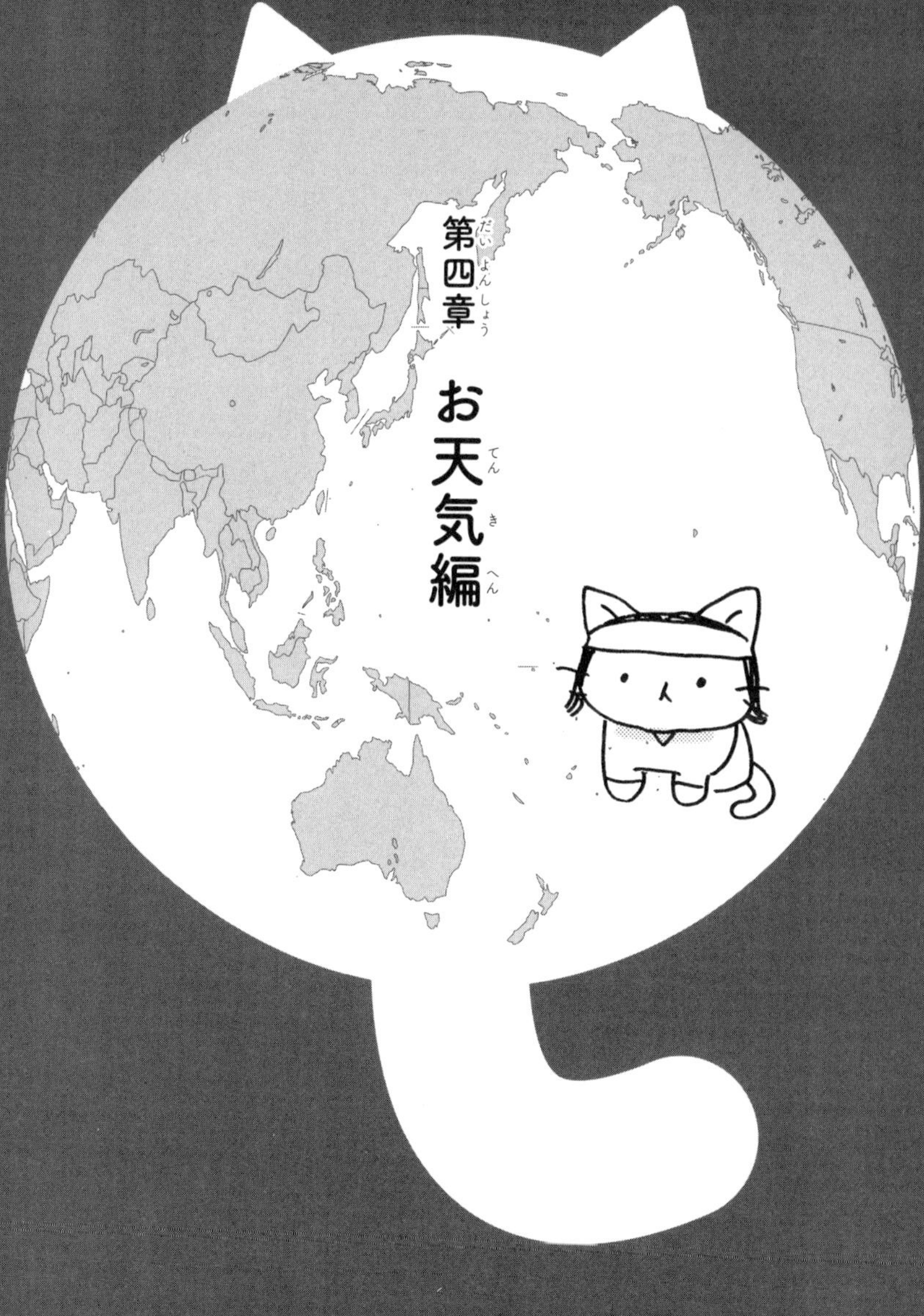

【風《かぜ》をつくり出《だ》す】

# 高《こう》気《き》圧《あつ》と低《てい》気《き》圧《あつ》

気《き》圧《あつ》とは
何《なに》かニャ？

上昇《じょうしょう》気流《きりゅう》と
下降《かこう》気流《きりゅう》とは
何《なに》かニャ？

## 貴族社会《きぞくしゃかい》を上《のぼ》り詰《つ》め、権力《けんりょく》を手《て》に入《い》れた藤原道長《ふじわらのみちなが》

平安時代《へいあんじだい》は、貴族《きぞく》たちの出世争《しゅっせあらそ》いが激《はげ》しい時代《じだい》でした。それにより、多《おお》くの争《あらそ》いも生《う》まれました。そんな中《なか》、貴族《きぞく》の藤原家《ふじわらけ》に5男《なん》として生《う》まれた道長《みちなが》は、兄《あに》より不利《ふり》な立場《たちば》だったにもかかわらず、実力《じつりょく》や運《うん》で上《のぼ》り詰《つ》め、権力《けんりょく》を手《て》に入《い》れました。

身分《みぶん》の階級《かいきゅう》が下《した》の者《もの》には、さまざまな重圧《じゅうあつ》がかかるように、空気《くうき》の下《した》にいる私《わたし》たちには、空気《くうき》の重《おも》さがかかっています。

案内役《あんないやく》は
藤《ふじ》原《わらの》道《みち》長《なが》先生《せんせい》
生没年《せいぼつねん》 西暦《せいれき》966〜1027年《ねん》

## 空気《くうき》の重《おも》さ「気圧《きあつ》」

私《わたし》たちのまわりには空気《くうき》があります。**気**《き》**圧**《あつ》とは、私《わたし》たちの上《うえ》にある空気《くうき》の重《おも》さです。例《たと》えば、ねこが上《うえ》に乗《の》ると、下《した》のねこには上《うえ》のねこの重《おも》さがかかります。私《わたし》たちが空気《くうき》の重《おも》さを感《かん》じることはありませんが、ねこの重《おも》さと同《おな》じように、私《わたし》たちには空気《くうき》の重《おも》さがかかっているのです。

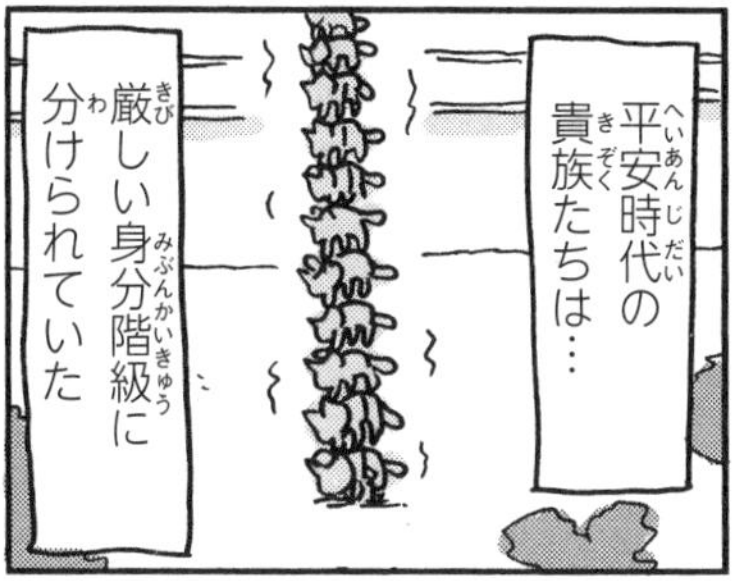
平安時代《へいあんじだい》の貴族《きぞく》たちは…
厳《きび》しい身分階級《みぶんかいきゅう》に分《わ》けられていた

ねこの重《おも》さは「ねこ圧《あつ》」ニャ!!

## 気圧《きあつ》の変化《へんか》

空気《くうき》の重《おも》さはどこでも同《おな》じではありません。重《かさ》なったねこで考《かんが》えると、高《たか》いところに行《い》くほど、その上《うえ》にいるねこは少《すく》なくなるので、高《たか》いところほどねこの重《おも》さは軽《かる》くなります。同《おな》じように、山《やま》のふもとなどの低《ひく》いところでは、上《うえ》にたくさんの空気《くうき》がありますので、気圧《きあつ》は高《たか》くなりますが、山《さん》頂《ちょう》などの高《たか》いところでは、上《うえ》にある空気《くうき》の量《りょう》が少《すく》ないので、気圧《きあつ》は低《ひく》くなります。

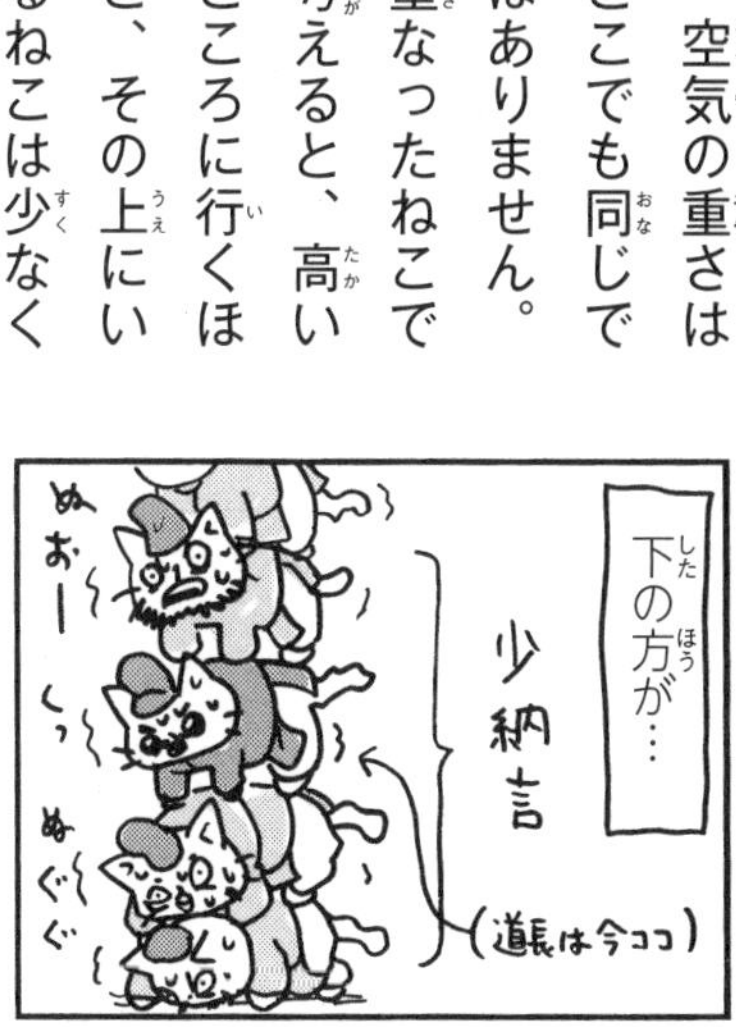
下《した》の方《ほう》が…
少納言
(道長は今ココ)
ぬおー
くっ
ぬぐぐ

## 高気圧《こうきあつ》と低気圧《ていきあつ》

高《たか》さが同《おな》じ場所《ばしょ》でも、空気《くうき》の重《おも》さは場所《ばしょ》によって違《ちが》います。空気《くうき》の重《おも》さが、重《おも》い場《ば》所《しょ》もあれば、軽《かる》い場《ば》所《しょ》もあるのです。まわりよりも空気《くうき》が重《おも》いところを**高気圧**《こうきあつ》といい、まわりよりも空気《くうき》が軽《かる》いところを**低気圧**《ていきあつ》といいます。

とう!!
やった! 乗《の》れた!!

重《おも》いねこが乗《の》ってきたら、高気圧《こうきあつ》になってしまうニャ!!

## 上昇気流《じょうしょうきりゅう》と下降気流《かこうきりゅう》

ねこが積《つ》み重《かさ》なると、上《うえ》のねこが落《お》ちてしまうように、空気《くうき》の重《おも》さが大《おお》きい高気圧《こうきあつ》では、上空《じょうくう》の空気《くうき》が地上《ちじょう》に降《お》りてきます。このような上《うえ》から下《した》への空気《くうき》の流《なが》れを**下降気流**《かこうきりゅう》といいます。

また、空気《くうき》の重《おも》さが小《ちい》さい低気圧《ていきあつ》では、地上《ちじょう》の空気《くうき》が上空《じょうくう》へ昇《のぼ》っていきます。このような下《した》から上《うえ》への空気《くうき》の流《なが》れを**上昇気流**《じょうしょうきりゅう》といいます。

うわー

## 風《かぜ》の吹《ふ》く方向《ほうこう》

みなさんのまわりに吹《ふ》いている風《かぜ》は、高気圧《こうきあつ》や低気圧《ていきあつ》の位置《いち》によって毎日《まいにち》変《か》わります。高気圧《こうきあつ》の中心付近《ちゅうしんふきん》では、上空《じょうくう》の空気《くうき》が地上《ちじょう》へ下降《かこう》し、地上《ちじょう》では風《かぜ》が時計回《とけいまわ》りに吹《ふ》き出《だ》しています。また、地上《ちじょう》の低気圧《ていきあつ》では、風《かぜ》が反時計回《はんとけいまわ》りに吹《ふ》き込《こ》み、低気圧《ていきあつ》の中心《ちゅうしん》付近《ふきん》に集《あつ》まった空気《くうき》は、上空《じょうくう》へ上昇《じょうしょう》していきます。

テレビなどの天気予報《てんきよほう》で、明日《あす》の天気《てんき》を伝《つた》えるときには、日本付近《にほんふきん》の天気図《てんきず》が使《つか》われます。天気図《てんきず》には、高気圧《こうきあつ》と低気圧《ていきあつ》の位置《いち》が示《しめ》されていますので、天気予報《てんきよほう》の天気図《てんきず》を見《み》ると、風《かぜ》がどのように吹《ふ》いているのかを知《し》ることができます。

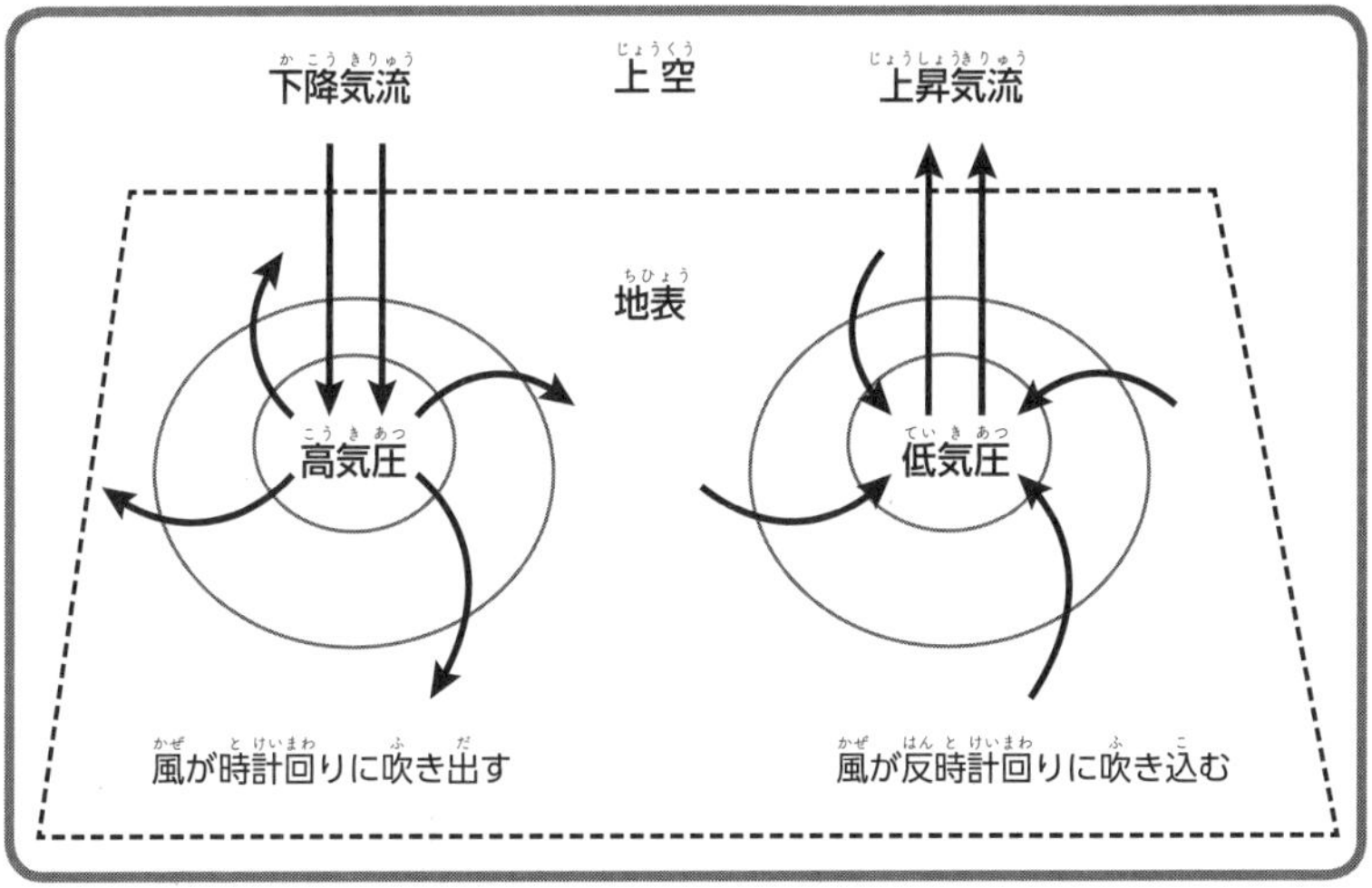


高気圧《こうきあつ》と低気圧《ていきあつ》での風《かぜ》の吹《ふ》き方《かた》

# 台《たい》風《ふう》

【はげしい雨《あめ》と風《かぜ》】

台《たい》風《ふう》は1年《ねん》間《かん》に何《なん》個《こ》くらい発《はっ》生《せい》するかニャ？

高《たか》潮《しお》とは何《なに》かニャ？

**暴風《ぼうふう》に悩《なや》まされた鑑真《がんじん》**

鑑真《がんじん》は、奈良時代《ならじだい》に日本《にほん》にやってきた中国《ちゅうごく》のお坊《ぼう》さんです。この時代《じだい》に船《ふね》で日本《にほん》へ行《い》くのは、とても危険《きけん》なことでした。実際《じっさい》に、鑑真《がんじん》が船《ふね》で中国《ちゅうごく》から日本《にほん》へ向《む》かうとき、何度《なんど》もはげしい暴《ぼう》風《ふう》に遭《あ》ってしまいました。今《いま》でも台風《たいふう》がやってくると、はげしい暴風《ぼうふう》となり、とても危険《きけん》です。

案《あん》内《ない》役《やく》は

**鑑《がん》真《じん》先《せん》生《せい》**

生没年《せいぼつねん》 西暦《せいれき》688～763年《ねん》

## 温《おん》帯《たい》低《てい》気《き》圧《あつ》と熱《ねっ》帯《たい》低《てい》気《き》圧《あつ》

低《てい》気《き》圧《あつ》は発《はっ》生《せい》する場《ば》所《しょ》によって、温《おん》帯《たい》低《てい》気《き》圧《あつ》と熱《ねっ》帯《たい》低《てい》気《き》圧《あつ》に分《わ》けられています。日《に》本《ほん》付《ふ》近《きん》は、南《みなみ》側《がわ》には暖《あたた》かい空《くう》気《き》があり、北《きた》側《がわ》には冷《つめ》たい空《くう》気《き》があります。暖《あたた》かい空《くう》気《き》と冷《つめ》たい空《くう》気《き》の間《あいだ》で発《はっ》生《せい》する低《てい》気《き》圧《あつ》が**温《おん》帯《たい》低《てい》気《き》圧《あつ》**です。また、南《みなみ》側《がわ》の暖《あたた》かい空《くう》気《き》の中《なか》で発《はっ》生《せい》する低《てい》気《き》圧《あつ》が**熱《ねっ》帯《たい》低《てい》気《き》圧《あつ》**です。熱《ねっ》帯《たい》低《てい》気《き》圧《あつ》は、陸《りく》上《じょう》ではほとんど発《はっ》生《せい》することがなく、暖《あたた》かい海《うみ》の上《うえ》で発《はっ》生《せい》します。

ところが…
ブギャー
ブギャー

## 強《つよ》い風《かぜ》が吹《ふ》く熱《ねっ》帯《たい》低《てい》気《き》圧《あつ》

南《みなみ》の暖《あたた》かい海《うみ》の上《うえ》で発《はっ》生《せい》した熱《ねっ》帯《たい》低《てい》気《き》圧《あつ》は、発《はっ》達《たつ》して風《かぜ》が強《つよ》くなることがあります。熱《ねっ》帯《たい》低《てい》気《き》圧《あつ》のうち、中《ちゅう》心《しん》付《ふ》近《きん》の風《かぜ》の速《はや》さが約《やく》17m／秒《メートルまいびょう》を超《こ》えたものを**台《たい》風《ふう》**といいます。風《かぜ》の速《はや》さを風《ふう》速《そく》といい、**風《ふう》速《そく》**の単《たん》位《い》に使《つか》われる〔m／秒《メートルまいびょう》〕は、空《くう》気《き》が1秒《びょう》間《かん》に移《い》動《どう》する距《きょ》離《り》を表《あらわ》しています。天《てん》気《き》予《よ》報《ほう》で「風《ふう》速《そく》20メートル」と言《い》われたら、空《くう》気《き》が1秒《びょう》間《かん》に20メートル動《うご》くという意《い》味《み》です。

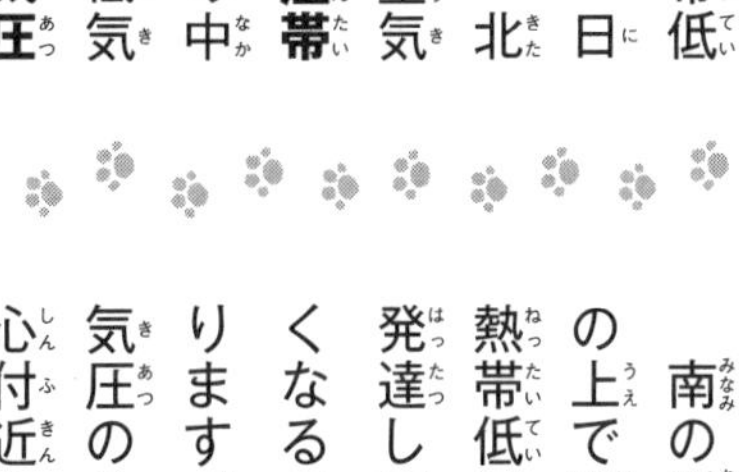
嵐《あらし》で失《しっ》敗《ぱい》……
猫《ねこ》船《ふね》大《だい》嫌《きら》い
フミャーオ
フミャーオ
フミャーオ

## 台風《たいふう》の進路《しんろ》

台風《たいふう》は1年間《ねんかん》に平均《へいきん》で約《やく》26個《こ》発生《はっせい》しています。8月《がつ》～9月頃《がつごろ》には、日本《にほん》の南東《なんとう》の海上《かいじょう》に北太平洋高気圧《きたたいへいようこうきあつ》が形成《けいせい》され、台風《たいふう》はその西側《にしがわ》をまわるようにして、日本列島《にほんれっとう》に接近《せっきん》します。日本列島《にほんれっとう》に接近《せっきん》する台風《たいふう》の数《かず》は、8月《がつ》～9月《がつ》に最《もっと》も多《おお》くなります。北太平洋《きたたいへいよう》高気圧《こうきあつ》の位置《いち》は、夏《なつ》から秋《あき》にかけて東《ひがし》へ移動《いどう》しますので、台風《たいふう》の進路《しんろ》も東《ひがし》へずれていきます。ただし、台風《たいふう》はいつも下《した》の図《ず》のように移動《いどう》するわけではありませんので、台風《たいふう》が近《ちか》づく前《まえ》に、必《かなら》ず天気予報《てんきよほう》を見《み》て確認《かくにん》するようにしましょう。また、日本《にほん》に接近《せっきん》した台風《たいふう》は、西《にし》から東《ひがし》へ吹《ふ》く偏西風《へんせいふう》の影響《えいきょう》を受《う》けて、進路《しんろ》を東向《ひがしむ》きに変《か》えます。

台風《たいふう》は日本《にほん》に
近《ちか》づくと、
東向《ひがしむ》きに進路《しんろ》を
変《か》えるニャ!!

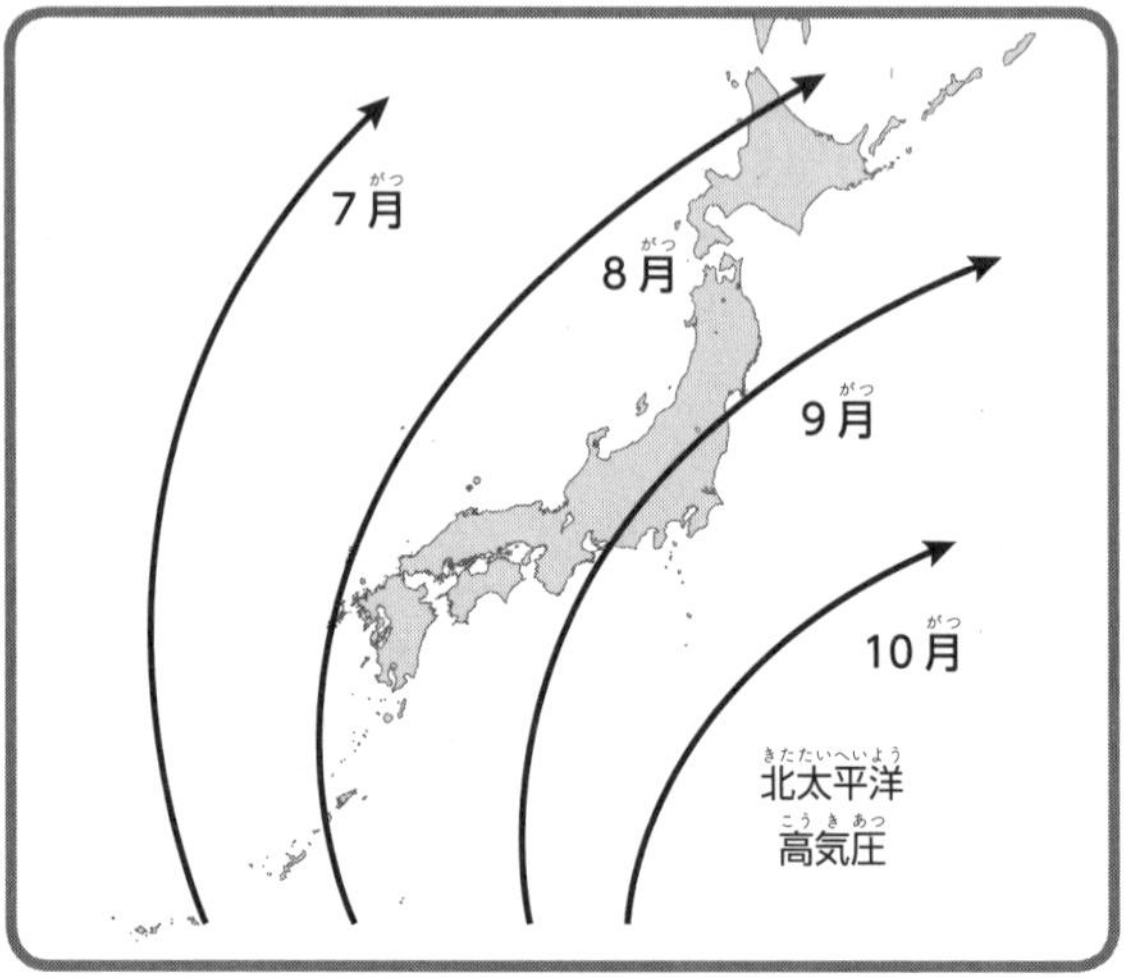
7月《がつ》
8月《がつ》
9月《がつ》
10月《がつ》
北太平洋《きたたいへいよう》
高気圧《こうきあつ》

台風《たいふう》の進路《しんろ》

## 「高潮《たかしお》」のしくみ

台風《たいふう》の影響《えいきょう》で、海面《かいめん》が高《たか》くなる現象《げんしょう》を**高潮《たかしお》**といいます。台風《たいふう》の中心付近《ちゅうしんふきん》は気圧《きあつ》が低《ひく》いため、空気《くうき》の重《おも》さによって海面《かいめん》を押《お》さえつける力《ちから》が小《ちい》さくなっています。そのため、海面《かいめん》が吸《す》い上《あ》げられるように高《たか》くなるのです。このように、台風《たいふう》の接近《せっきん》によって気圧《きあつ》が低《ひく》くなり、海面《かいめん》が高《たか》くなることを**吸《す》い上《あ》げ効果《こうか》**といいます。

また、台風《たいふう》は風《かぜ》が強《つよ》く、海水《かいすい》を吹《ふ》き流《なが》すことができるため、海岸付近《かいがんふきん》には沖《おき》から海水《かいすい》が吹《ふ》き寄《よ》せられることがあります。風《かぜ》に運《はこ》ばれてきた海水《かいすい》が沿岸付近《えんがんふきん》に集《あつ》まって、海面《かいめん》が高《たか》くなることを**吹《ふ》き寄《よ》せ効果《こうか》**といいます。

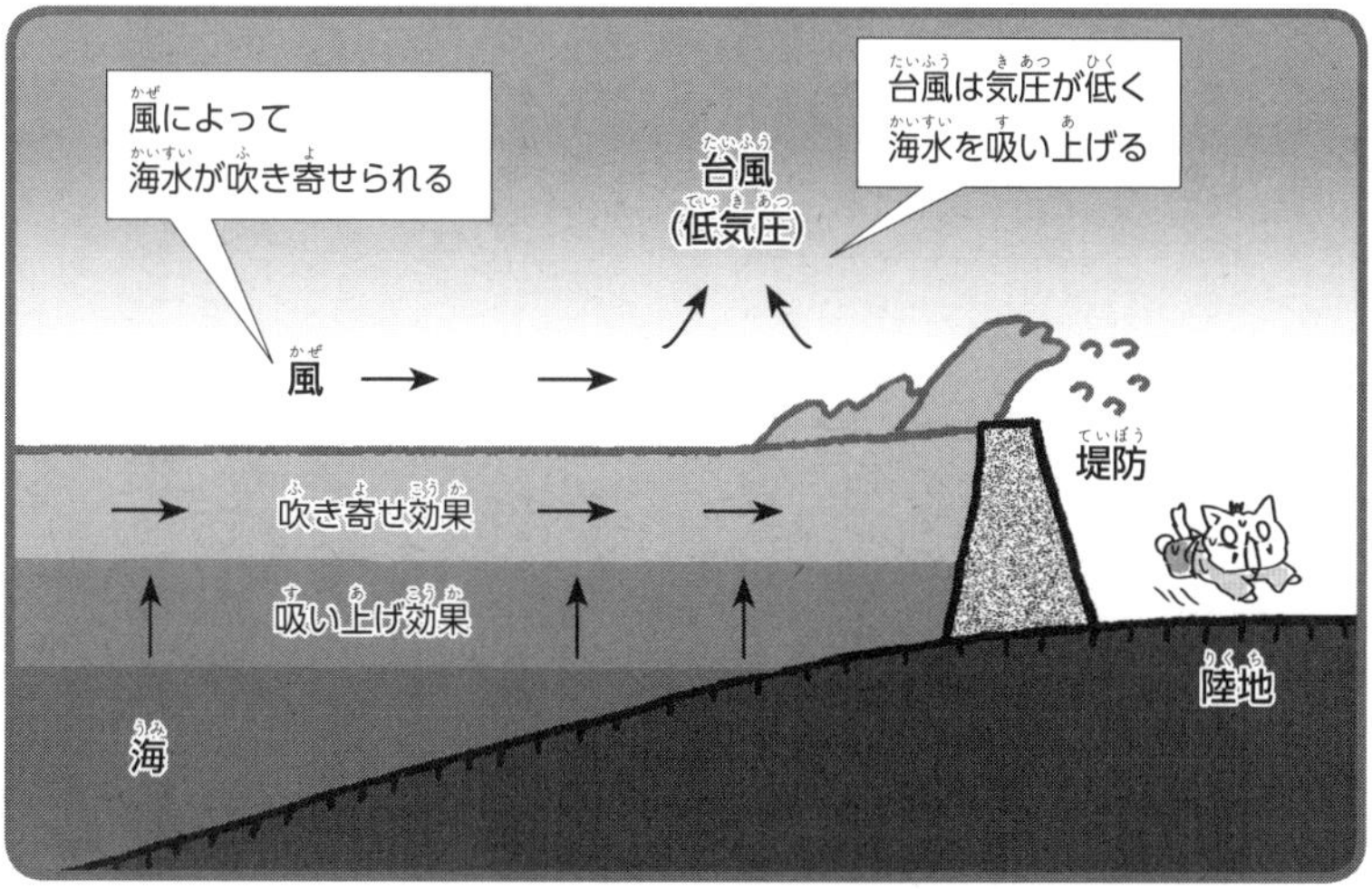
風《かぜ》によって
海水《かいすい》が吹《ふ》き寄《よ》せられる
台風《たいふう》は気圧《きあつ》が低《ひく》く
海水《かいすい》を吸《す》い上《あ》げる
台風《たいふう》
(低気圧《ていきあつ》)
風《かぜ》
堤防《ていぼう》
吹《ふ》き寄《よ》せ効果《こうか》
吸《す》い上《あ》げ効果《こうか》
陸地《りくち》
海《うみ》

高潮《たかしお》の原因《げんいん》

【日《に》本《ほん》海《かい》側《がわ》で大雪《おおゆき》となる】

# 冬《ふゆ》の天《てん》気《き》

日《に》本《ほん》海《かい》側《がわ》と太《たい》平《へい》洋《よう》側《がわ》の天《てん》気《き》は違《ちが》うのかニャ？

冬《ふゆ》の高《こう》気《き》圧《あつ》と低《てい》気《き》圧《あつ》はどこにあるのかニャ？

### 大雪《おおゆき》の中《なか》で最期《さいご》を迎《むか》えた井伊直弼《いいなおすけ》

井伊直弼《いいなおすけ》は、江戸幕府《えどばくふ》の重要《じゅうよう》な役職《やくしょく》を務《つと》めた人物《じんぶつ》です。アメリカと日米修好通商条約《にちべいしゅうこうつうしょうじょうやく》を結《むす》ぶなど、世《よ》の中《なか》に多《おお》くの影響《えいきょう》を与《あた》えましたが、同時《どうじ》に多《おお》くの反感《はんかん》も買《か》いました。

そして、西暦《せいれき》1860年《ねん》3月《がつ》23日《にち》に、江戸城《えどじょう》の桜田門《さくらだもん》の近《ちか》くで、殺害《さつがい》されました。この事件《じけん》を桜田門外《さくらだもんがい》の変《へん》といいます。

桜田門外《さくらだもんがい》の変《へん》が起《お》こった日《ひ》には、江戸《えど》では大雪《おおゆき》が降《ふ》っていました。

案内役《あんないやく》は

**井伊直弼《いいなおすけ》先生《せんせい》**

生没年《せいぼつねん》 西暦《せいれき》1815〜1860年《ねん》

## 雨《あめ》や雪《ゆき》の降《ふ》るしくみ

雨《あめ》や雪《ゆき》が降《ふ》るためには、まず雲《くも》ができる必要《ひつよう》があります。雲《くも》は低気圧《ていきあつ》などの上昇気《じょうしょうき》流《りゅう》のあるところにできます。低気圧《ていきあつ》がなくても高《たか》い山《やま》があると、山《やま》の斜面《しゃめん》に沿《そ》って空《くう》気《き》が上昇《じょうしょう》し、山沿《やまぞ》いに雲《くも》ができることがあります。**雲**《くも》は、とても小《ちい》さな水《みず》の粒《つぶ》や氷《こおり》の粒《つぶ》が集《あつ》まったものです。水《みず》の粒《つぶ》が大《おお》きく成長《せいちょう》すると、**雨**《あめ》となって降《ふ》り、氷《こおり》の粒《つぶ》が大《おお》きく成長《せいちょう》すると、**雪**《ゆき》となって降《ふ》ります。

1860年《ねん》雪《ゆき》の降《ふ》りしきる中《なか》、桜田門外《さくらだもんがい》で大老井伊直弼《たいろういいなおすけ》は水戸浪士《みとろうし》たちに…
ニャー
ニャー
ニャー

## 雪《ゆき》の降《ふ》る季節《きせつ》

12月《がつ》〜2月頃《がつごろ》に、日本海側《にほんかいがわ》の地域《ちいき》では雪《ゆき》の日《ひ》が多《おお》くなりますが、東京《とうきょう》などの太平洋側《たいへいようがわ》の地域《ちいき》ではあまり雪《ゆき》は降《ふ》りません。桜《さくら》田門外《だもんがい》の変《へん》が起《お》こった3月頃《がつごろ》の江戸《えど》（東《とう》京《きょう》）でも、雪《ゆき》が降《ふ》ることは多《おお》くはありません。ただし、3月頃《がつごろ》には、関東地方《かんとうちほう》の南部《なんぶ》を低気圧《ていきあつ》が通過《つうか》することがあります。この低気圧《ていきあつ》の周囲《しゅうい》で雲《くも》が発達《はったつ》して、江戸《えど》に雪《ゆき》が降《ふ》ったと考《かんが》えられています。

殺《ころ》されました
グサッ
フギャー

## 冬《ふゆ》の天気図《てんきず》

冬《ふゆ》の大陸《たいりく》では高気圧《こうきあつ》が発達《はったつ》し、北海道《ほっかいどう》の東《ひがし》の海上《かいじょう》では低気圧《ていきあつ》が発達《はったつ》します。冬《ふゆ》の天気図《てんきず》を見《み》ると、日本《にほん》の西側《にしがわ》には高気圧《こうきあつ》があり、東側《ひがしがわ》には低気圧《ていきあつ》があるので、このような気圧《きあつ》の分布《ぶんぷ》を**西高東低《せいこうとうてい》**の気圧配置《きあつはいち》といいます。

風《かぜ》は高気圧《こうきあつ》から時計回《とけいまわ》りに吹《ふ》き出《だ》し、低気圧《ていきあつ》には反時計回《はんとけいまわ》りに吹《ふ》き込《こ》みます。日本列島《にほんれっとう》には、大陸《たいりく》の高気圧《こうきあつ》の方《ほう》から空気《くうき》が流《なが》れ込《こ》んできますので、北西《ほくせい》の方向《ほうこう》から風《かぜ》が吹《ふ》きます。冬《ふゆ》の大陸《たいりく》に形成《けいせい》される高気圧《こうきあつ》はほとんど位置《いち》を変《か》えませんので、北西《ほくせい》の方向《ほうこう》から風《かぜ》が吹《ふ》く日《ひ》が続《つづ》きます。この風《かぜ》を北西《ほくせい》の**季節風《きせつふう》**といいます。

大陸《たいりく》の高気圧《こうきあつ》から
北西《ほくせい》の季節風《きせつふう》が
吹《ふ》くニャ!!

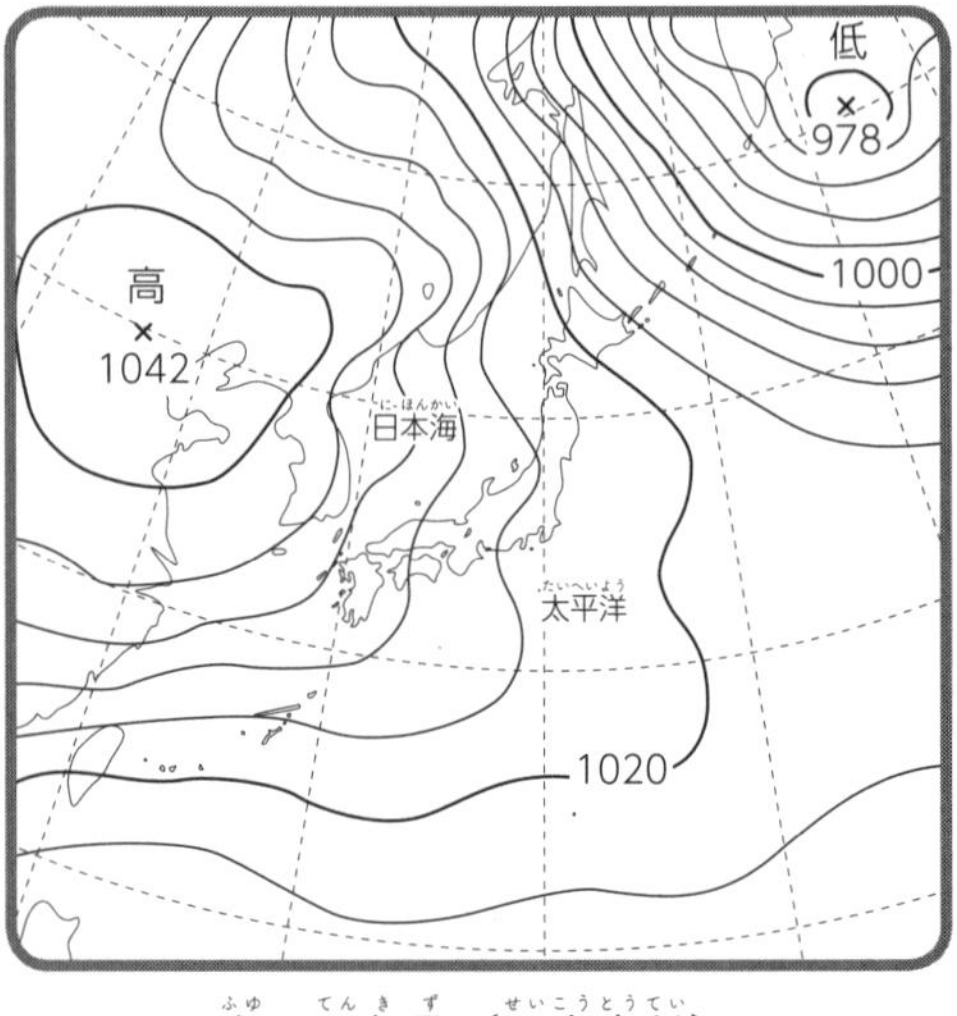
低
978
1000
高
1042
日本海《にほんかい》
太平洋《たいへいよう》
1020

冬《ふゆ》の天気図《てんきず》（西高東低《せいこうとうてい》）

# 日本海側《にほんかいがわ》は雪《ゆき》・太平洋側《たいへいようがわ》は晴《は》れ

大陸《たいりく》からの季節風《きせつふう》は、冷《つめ》たく乾燥《かんそう》しています。この空気《くうき》が日本海《にほんかい》を越《こ》えるときに、日本海《にほんかい》から蒸発《じょうはつ》した水蒸気《すいじょうき》が、空気《くうき》に含《ふく》まれるようになります。水蒸気《すいじょうき》を含《ふく》んだ湿《しめ》った空気《くうき》が日本列島《にほんれっとう》に流《なが》れ込《こ》んでくると、日《に》本海側《ほんかいがわ》の山地《さんち》で上昇気流《じょうしょうきりゅう》となり、雲《くも》が発達《はったつ》して、日本海側《にほんかいがわ》の地域《ちいき》に雪《ゆき》や雨《あめ》を降《ふ》らせます。

雪《ゆき》や雨《あめ》が降《ふ》ると、空気《くうき》は再《ふたた》び乾燥《かんそう》します。このような空気《くうき》が日本列島《にほんれっとう》の山地《さんち》を越《こ》えて、太平洋側《たいへいようがわ》の地域《ちいき》に流《なが》れ込《こ》んできます。空気《くうき》が乾燥《かんそう》しているので、雪《ゆき》や雨《あめ》が降《ふ》ることは少《すく》なく、冬《ふゆ》の太平洋側《たいへいようがわ》の地域《ちいき》は、晴天《せいてん》で乾《かん》燥《そう》した日《ひ》が多《おお》くなります。

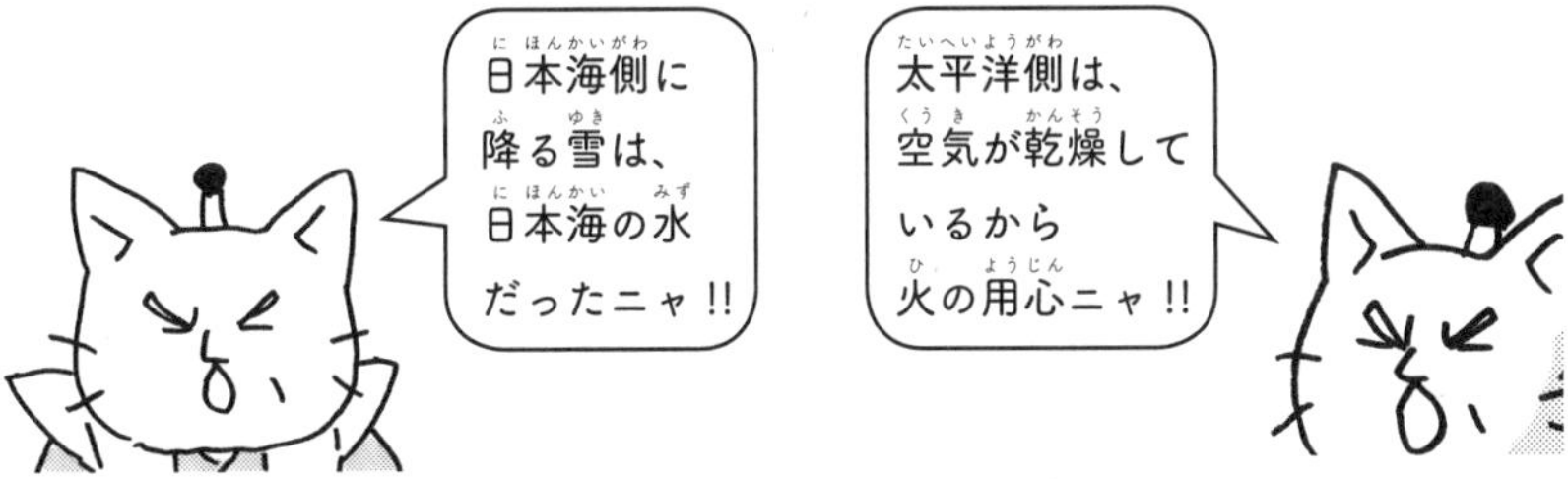
太平洋側《たいへいようがわ》は、空気《くうき》が乾燥《かんそう》しているから火《ひ》の用心《ようじん》ニャ!!
日本海側《にほんかいがわ》に降《ふ》る雪《ゆき》は、日本海《にほんかい》の水《みず》だったニャ!!

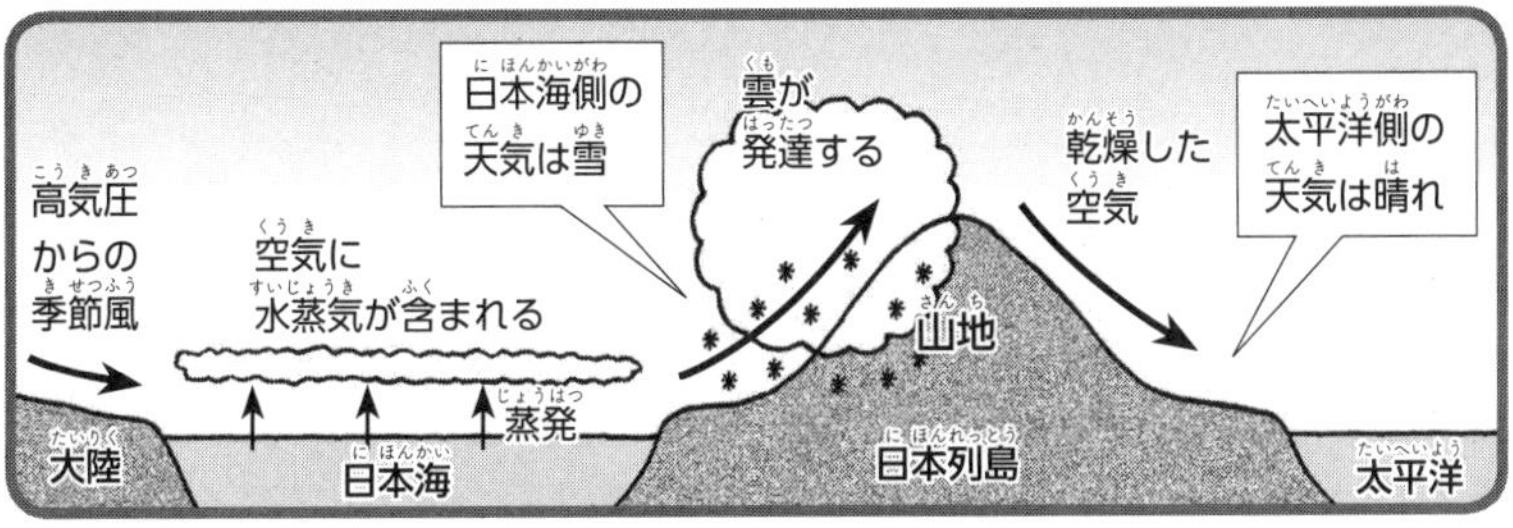
高気圧《こうきあつ》からの季節風《きせつふう》
空気《くうき》に水蒸気《すいじょうき》が含《ふく》まれる
日本海側《にほんかいがわ》の天気《てんき》は雪《ゆき》
雲《くも》が発達《はったつ》する
乾燥《かんそう》した空気《くうき》
太平洋側《たいへいようがわ》の天気《てんき》は晴《は》れ
山地《さんち》
蒸発《じょうはつ》
大陸《たいりく》
日本海《にほんかい》
日本列島《にほんれっとう》
太平洋《たいへいよう》

日本海側《にほんかいがわ》と太平洋側《たいへいようがわ》の天気《てんき》

【たくさんの雨《あめ》が降《ふ》る】

# 梅雨《つゆ》の天気《てんき》

梅雨《つゆ》は何月頃《なんがつごろ》かニャ？
東日本《ひがしにほん》と西日本《にしにほん》で梅雨《つゆ》の天気《てんき》は違《ちが》うのかニャ？

## 水《みず》をめぐって争《あらそ》いが起《お》きた弥生時代《やよいじだい》

今《いま》から約《やく》2500年前《ねんまえ》に、大陸《たいりく》から新《あたら》しい文化《ぶんか》が日本《にほん》に入《はい》ってきました。この時代《じだい》を弥生時代《やよいじだい》といいます。弥生時代《やよいじだい》には、田《た》んぼでお米《こめ》を作《つく》る稲作《いなさく》が始《はじ》まりました。稲作《いなさく》には土地《とち》と水《みず》が必要《ひつよう》です。水《みず》はたいへん貴重《きちょう》なもので、いつでもどこでも手《て》に入《はい》るものではありません。そのため、弥生時代《やよいじだい》には、土地《とち》と水《みず》をめぐって争《あらそ》いが起《お》こるようにもなりました。

**案内役《あんないやく》は**
**弥生人《やよいじん》**
**時代《じだい》** 2500〜1700年前頃《ねんまえごろ》
(諸説《しょせつ》あり)

## 恵《めぐ》みの雨《あめ》が降《ふ》る「梅雨《つゆ》」

**梅雨《つゆ》**とは、春《はる》から夏《なつ》にかけて（6月《がつ》～7月頃《がつごろ》）、雨《あめ》やくもりの日《ひ》が多《おお》くなる期間《きかん》です。ねこは水《みず》が苦手《にがて》ですが、梅雨《つゆ》に降《ふ》る雨《あめ》は、農作物《のうさくもつ》の農業用水《のうぎょうようすい》として貴重《きちょう》なものになります。日本《にほん》は、世界《せかい》の中《なか》でも雨《あめ》の量《りょう》が特《とく》に多《おお》い国《くに》です。日本《にほん》での1年間《ねんかん》の平均《へいきん》の降水量《こうすいりょう》は、世界《せかい》の平均《へいきん》の降水量《こうすいりょう》とくらべて約《やく》2倍《ばい》になります。1年《ねん》の中《なか》でも特《とく》に梅雨《つゆ》の時期《じき》に多《おお》くの雨《あめ》が降《ふ》っています。

## 米騒動《こめそうどう》

過去《かこ》の日本《にほん》では、土地《とち》、水《みず》、お米《こめ》などをめぐって、何度《なんど》も争《あらそ》いが起《お》こりました。大正時代《たいしょうじだい》には、1918年《ねん》に、お米不足《こめぶそく》のため、お米《こめ》の価格《かかく》が上昇《じょうしょう》して大騒《おおさわ》ぎになりました。この出来事《できごと》を**米騒動《こめそうどう》**といいます。最近《さいきん》では1993年《ねん》に、平成《へいせい》の米騒動《こめそうどう》という出来事《できごと》があり、これには梅雨《つゆ》の天気《てんき》が関係《けいかん》していました。雨《あめ》やくもりの日《ひ》が多《おお》くなると、お米不足《こめぶそく》になることがあるのです。

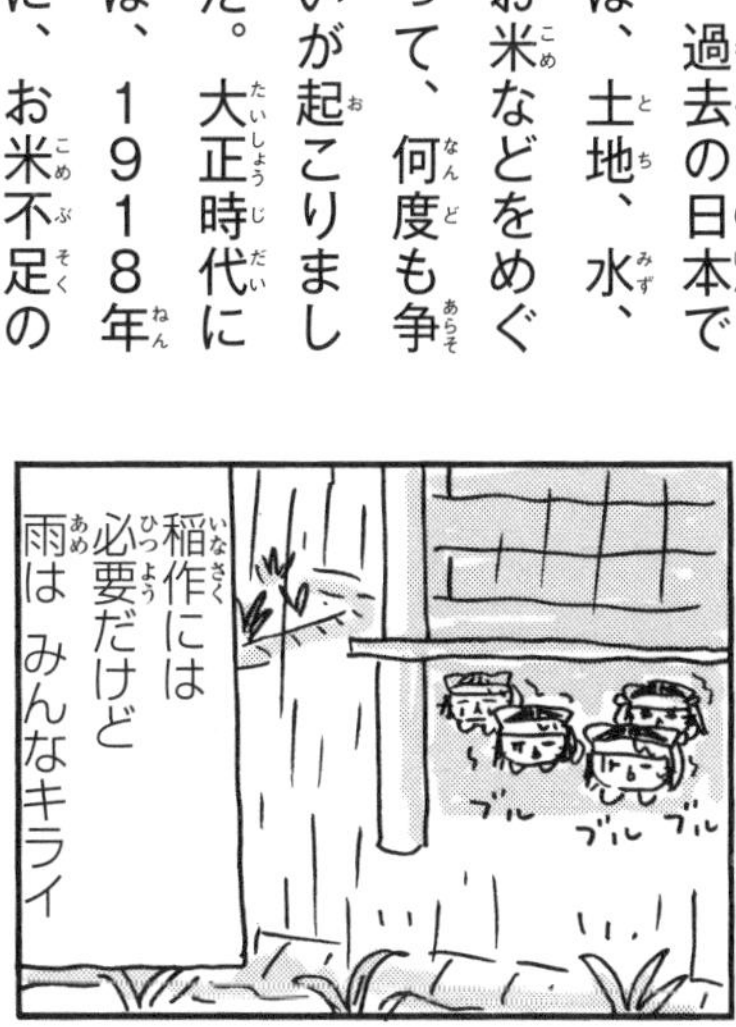

## 梅雨《つゆ》の天気図《てんきず》

梅雨《つゆ》の時期《じき》には、日本《にほん》の南《みなみ》の海上《かいじょう》に**北太平洋高気圧《きたたいへいようこうきあつ》**ができ、北海道《ほっかいどう》の東側《ひがしがわ》には**オホーツク海高気圧《かいこうきあつ》**ができることが多《おお》くなります。南側《みなみがわ》の北太平洋高気圧《きたたいへいようこうきあつ》からは暖《あたた》かい空気《くうき》が日本付近《にほんふきん》に流《なが》れ込《こ》み、北側《きたがわ》のオホーツク海高気圧《かいこうきあつ》からは冷《つめ》たい空気《くうき》が日本付近《にほんふきん》に流《なが》れ込《こ》んできます。そして、これらの空気《くうき》がぶつかるところに、**梅雨前線《ばいうぜんせん》**ができます。前線《ぜんせん》は、暖《あたた》かい空気《くうき》と冷《つめ》たい空気《くうき》の境界《きょうかい》になります。

梅雨前線《ばいうぜんせん》の近《ちか》くでは、雲《くも》が発達《はったつ》して雨《あめ》が降《ふ》りやすくなります。梅雨前線《ばいうぜんせん》は、6月《がつ》～7月頃《がつごろ》に、日本付近《にほんふきん》に長《なが》く停滞《ていたい》しますので、雨《あめ》やくもりの日《ひ》が多《おお》くなるのです。

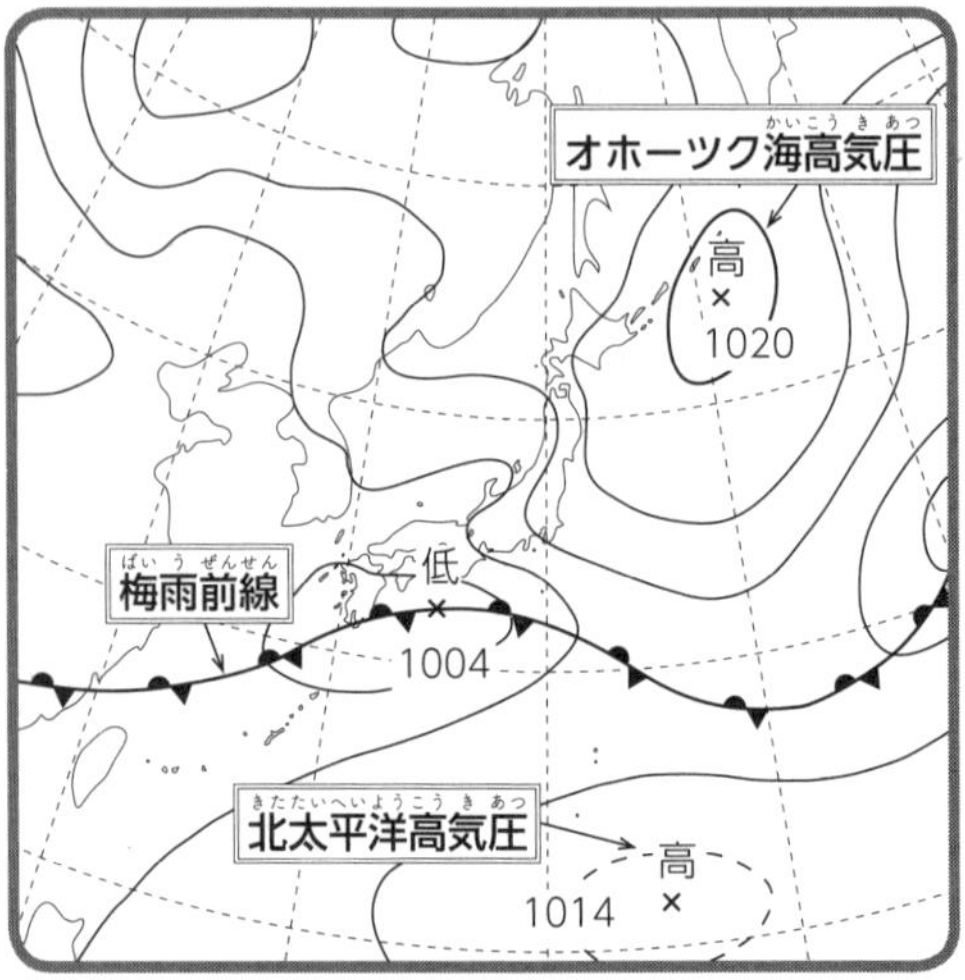

梅雨《つゆ》の天気図《てんきず》

## 西日本《にしにほん》の梅雨《つゆ》

西日本《にしにほん》では、梅雨《つゆ》の終《お》わり頃《ごろ》に、梅雨前線《ばいうぜんせん》の南側《みなみがわ》から、暖《あたた》かく湿《しめ》った空気《くうき》が流《なが》れ込《こ》むことがあります。この空気《くうき》には大量《たいりょう》の水蒸気《すいじょうき》が含《ふく》まれていますので、この空気《くうき》が流《なが》れ込《こ》む地域《ちいき》では、大雨《おおあめ》が降《ふ》ることがあります。また、せまい地域《ちいき》に短時間《たんじかん》に降《ふ》る大雨《おおあめ》を**集中豪雨**《しゅうちゅうごうう》といいます。

大雨《おおあめ》によって河川《かせん》の水《みず》が増《ふ》え、堤防《ていぼう》が壊《こわ》れたり、洪水《こうずい》が起《お》こったりして、大《おお》きな被害《ひがい》が出《で》ることがあります。梅雨《つゆ》の時期《じき》には、大雨《おおあめ》などの気象情報《きしょうじょうほう》には、特《とく》に注意《ちゅうい》しなければいけません。

天気予報《てんきよほう》を見《み》て注意《ちゅうい》するニャ!!

## 東日本《ひがしにほん》の梅雨《つゆ》

東日本《ひがしにほん》（東北地方《とうほくちほう》など）の太平洋側《たいへいようがわ》では、梅雨《つゆ》の時期《じき》に、オホーツク海高気圧《かいこうきあつ》からの冷《つめ》たい空気《くうき》が流《なが》れ込《こ》んでくることがあります。オホーツク海高気圧《かいこうきあつ》から東北地方《とうほくちほう》へ吹《ふ》く冷《つめ》たい風《かぜ》を**やませ**といいます。くもりや雨《あめ》の日《ひ》が続《つづ》いたり、やませが吹《ふ》く日《ひ》が続《つづ》いたりすると、日照時間《にっしょうじかん》（太陽光《たいようこう》が当《あ》たる時間《じかん》）の不足《ふそく》や気温《きおん》の低下《ていか》によって、お米《こめ》などの農作物《のうさくもつ》に大《おお》きな被害《ひがい》が出《で》ることがあります。

梅雨《つゆ》の天気《てんき》は、東日本《ひがしにほん》と西日本《にしにほん》では大《おお》きな違《ちが》いがあるニャ!!

【干《かん》ばつと夕立《ゆうだち》に注意《ちゅうい》】

# 夏《なつ》の天《てん》気《き》

干《かん》ばつとは何《なに》かニャ？
夏《なつ》の天《てん》気《き》はどうなっているかニャ？

案《あん》内《ない》役《やく》は
安《あ》倍《べ》晴《のせ》明《いめい》先《せん》生《せい》
生没年《せいぼつねん》 西暦《せいれき》921～1005年《ねん》

**雨《あめ》を降《ふ》らせた**
**安倍晴明《あべのせいめい》**

西暦《せいれき》1004年《ねん》、長《なが》く日《ひ》照《で》りが続《つづ》いたため、深刻《しんこく》な水不足《みずぶそく》となりました。

その頃《ころ》、一流《いちりゅう》の陰陽師《おんみょうじ》（占《うらな》いや悪霊退治《あくりょうたいじ》をする人《ひと》）として有名《ゆうめい》だった安倍晴明《あべのせいめい》が、雨乞《あまご》いの儀《ぎ》式《しき》である五龍祭《ごりゅうさい》を行《おこな》いました。すると、今《いま》までの日《ひ》照《で》りが嘘《うそ》だったかのように雨《あめ》が降《ふ》ったといわれています。

## 梅雨明《つゆあ》け

梅雨《つゆ》が終《お》わることを**梅雨明《つゆあ》け**といいます。日本《にほん》の南《みなみ》の海上《かいじょう》にある北太平洋高気圧《きたたいへいようこうきあつ》が強《つよ》まって、梅雨前線《ばいうぜんせん》を北《きた》に押《お》し上《あ》げると、梅雨明《ゆあ》けとなります。多《おお》くの年《とし》では、西日本《にしにほん》では7月《がつ》の中頃《なかごろ》、東日本《ひがしにほん》では7月《がつ》の終《お》わり頃《ごろ》に梅雨明《つゆあ》けとなります。

西暦《せいれき》1004年《ねん》
日照《ひで》りが続《つづ》き大地《だいち》はカラカラになった
水《みず》ー
水《みず》ー
カラ
カラ
カラ


梅雨《つゆ》が明《あ》けると、日本列島《にほんれっとう》は晴《は》れの日《ひ》が多《おお》くなり、蒸《む》し暑《あつ》い日《ひ》が続《つづ》くようになります。特《とく》に、最高《さいこう》気温《きおん》が35℃を超《こ》えた日《ひ》を**猛暑日《もうしょび》**といいます。

## 被害《ひがい》が大《おお》きい干《かん》ばつ

長《なが》い間《あいだ》、雨《あめ》が降《ふ》らなくなって水不足《みずぶそく》になることを**干《かん》ばつ**といいます。

日本《にほん》では梅雨《つゆ》の時期《じき》に雨《あめ》が少《すく》なかったり、夏《なつ》に猛暑《もうしょ》となったりしたときに、干《かん》ばつとなることがあります。干《かん》ばつによって、お米《こめ》や野菜《やさい》などの農作物《のうさくもつ》に大《おお》きな被害《ひがい》が出《で》ます。また、ダムの水《みず》が少《すく》なくなって、水道《すいどう》の水《みず》が止《と》められてしまうこと（断水《だんすい》）もあります。

雨《あめ》を降《ふ》らせるのも陰陽師《おんみょうじ》の仕事《しごと》
フミャオー
フミャオー
五龍祭《ごりゅうさい》
(雨乞《あまご》いの祭《まつり》)

## 夏《なつ》の天気図《てんきず》

梅雨《つゆ》が明《あ》けると、日本付近《にほんふきん》は**北太平洋高気圧《きたたいへいようこうきあつ》**に広《ひろ》くおおわれるようになります。高気圧《こうきあつ》の中心《ちゅうしん》は南《みなみ》の海上《かいじょう》にあり、北《きた》の大陸《たいりく》には低気圧《ていきあつ》ができます。このような高気圧《こうきあつ》と低気圧《ていきあつ》の配置《はいち》を**南高北低《なんこうほくてい》**といいます。

風《かぜ》は高気圧《こうきあつ》から吹《ふ》き出《だ》し、低気圧《ていきあつ》に向《む》かって吹《ふ》くため、南側《みなみがわ》の北太平洋高気圧《きたたいへいようこうきあつ》から暖《あたた》かく湿《しめ》った空気《くうき》が日本列島《にほんれっとう》に流《なが》れ込《こ》み、蒸《む》し暑《あつ》い日《ひ》が続《つづ》くようになります。２０１３年《ねん》の西日本《にしにほん》では記録的《きろくてき》な猛暑《もうしょ》が続《つづ》き、高知県《こうちけん》の四万十市《しまんとし》では、１日《にち》の最高気温《さいこうきおん》が41・０℃を記録《きろく》しました。また、２０１８年《ねん》には、埼玉県《さいたまけん》の熊谷市《くまがやし》で41・１℃を記録《きろく》しました。

## 鯨《くじら》の尾型《おがた》

２０１３年《ねん》の夏《なつ》は、最高気温《さいこうきおん》が35℃以上《いじょう》になる**猛暑日《もうしょび》**が、全国的《ぜんこくてき》に続《つづ》きました。猛暑日《もうしょび》が続《つづ》くときに、天気図《てんきず》では、北太平洋高気圧《きたたいへいようこうきあつ》の西側《にしがわ》（九州《きゅうしゅう》あたり）が膨《ふく》らんだ形《かたち》になることがあります。北太平洋高気圧《きたたいへいようこうきあつ》を鯨《くじら》にたとえると、西側《にしがわ》のふくらみは鯨《くじら》のしっぽのように見《み》えることから、このような気圧配置《きあつはいち》を**鯨《くじら》の尾型《おがた》**といいます。

２０１３年《ねん》の夏《なつ》の天気図《てんきず》にも鯨《くじら》の尾型《おがた》が現《あらわ》れ、西日本《にしにほん》では猛暑日《もうしょび》が続《つづ》いて、お米《こめ》や野菜《やさい》などの農作物《のうさくもつ》に大《おお》きな被害《ひがい》が出《で》ました。

ねこの尾《お》と呼《よ》んでほしかったニャ!!

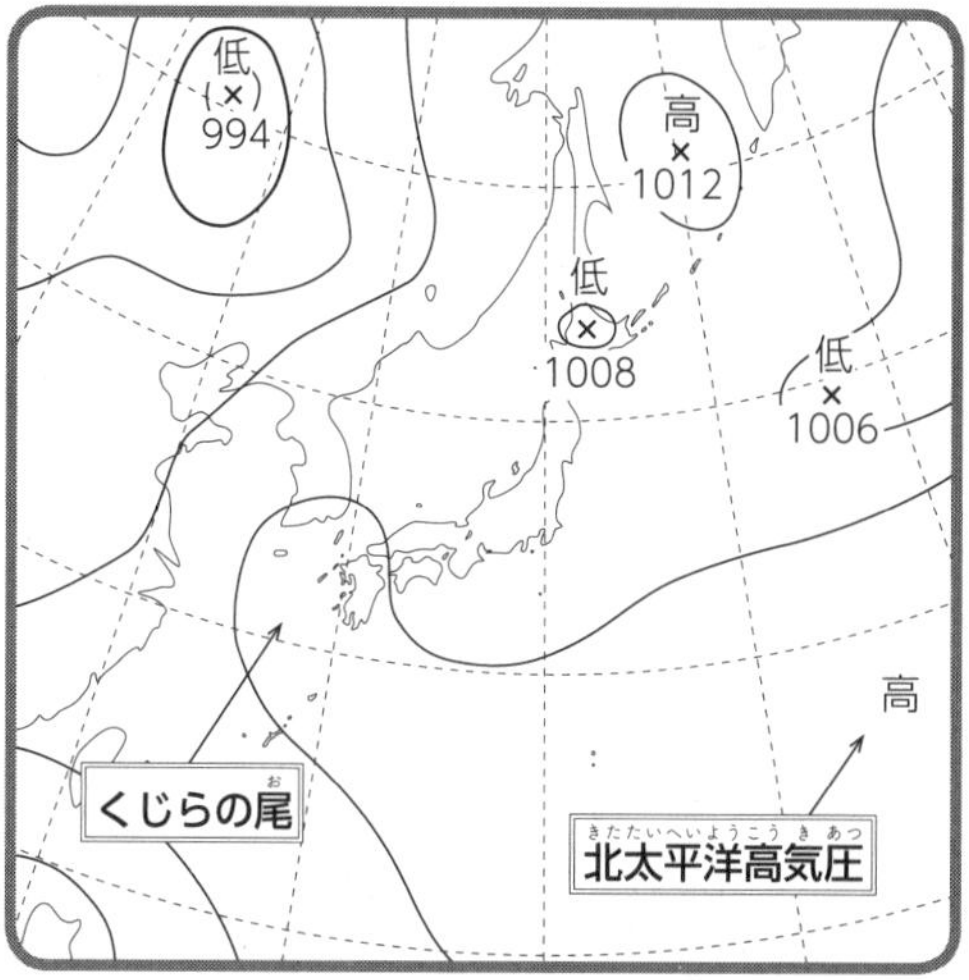
低
994
高
1012
低
1008
低
1006
高
くじらの尾《お》
北太平洋高気圧《きたたいへいようこうきあつ》

夏《なつ》の天《てん》気《き》図《ず》

## 夏《なつ》の午後《ごご》

夏《なつ》の日本列島《にほんれっとう》には、南側《みなみがわ》から流《なが》れ込《こ》んできた暖《あたた》かく湿《しめ》った空気《くうき》が、陸地《りくち》でさらに暖《あたた》められて上昇《じょうしょう》します。空気《くうき》が上昇《じょうしょう》するところでは雲《くも》ができますので、午後《ごご》には夕立《ゆうだち》や雷《かみなり》が発生《はっせい》することがあります。**夕立**《ゆうだち》とは、夏《なつ》の午後《ごご》に降《ふ》るはげしい雨《あめ》です。

夕立《ゆうだち》や雷《かみなり》は、積乱雲《せきらんうん》によって発生《はっせい》することがよくあります。**積乱雲**《せきらんうん》とは、上《うえ》に高《たか》く積《つ》み上《あ》げたような形《かたち》の雲《くも》で、入道雲《にゅうどうぐも》とよばれることもあります。積乱雲《せきらんうん》は、はげしい雨《あめ》を降《ふ》らせることもあり、**雷**《かみなり》をともなうこともあります。せまい地域《ちいき》に短時間《たんじかん》に降《ふ》る集中豪雨《しゅうちゅうごうう》も、積乱雲《せきらんうん》が次々《つぎつぎ》と発達《はったつ》するところで発生《はっせい》します。

# いろいろな形《かたち》の雲《くも》を探《さが》してみよう！

## 雲《くも》の分類《ぶんるい》

雲《くも》は高《たか》さや形《かたち》で分類《ぶんるい》されています。高《たか》いところにできる雲《くも》を上層雲《じょうそううん》、低《ひく》いところにできる雲《くも》を下層雲《かそううん》、上層雲《じょうそううん》と下層雲《かそううん》の間《あいだ》にできる雲《くも》を中層雲《ちゅうそううん》といいます。また，下《した》から上《うえ》へ発達《はったつ》した雲《くも》もあります。

## 積《せき》雲《うん》と積《せき》乱《らん》雲《うん》

空《そら》の低《ひく》いところ（下層《かそう》）には、白《しろ》い綿《わた》のように見《み》える積雲《せきうん》ができることがあります。積雲《せきうん》は雨《あめ》を降《ふ》らせる雲《くも》ではありませんが、空《そら》の高《たか》いところ（中層《ちゅうそう》や上層《じょうそう》）まで発達《はったつ》した積乱雲《せきらんうん》になると、雷《かみなり》をともなうようなはげしい雨《あめ》が降《ふ》ることもあります。

積雲《せきうん》（わた雲《ぐも》）

## 上《じょう》層《そう》雲《うん》

高《たか》さ5～13kmには、巻雲《けんうん》、巻積雲《けんせきうん》、巻層雲《けんそううん》などの雲《くも》ができます。これらの雲《くも》は氷《こおり》の粒《つぶ》が集《あつ》まってできています。

巻積雲《けんせきうん》（うろこ雲《ぐも》）

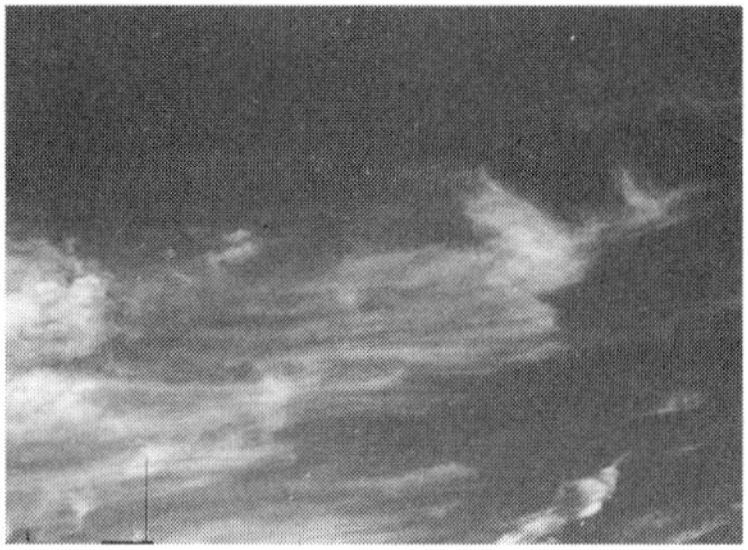

巻雲《けんうん》（すじ雲《ぐも》）

## 中《ちゅう》層《そう》雲《うん》

高《たか》さ2～7kmあたりには、乱層雲《らんそううん》、高層雲《こうそううん》、高積雲《こうせきうん》などの雲《くも》ができます。乱層雲《らんそううん》は雨《あめ》を降《ふ》らせることが多《おお》い雲《くも》です。

高積雲《こうせきうん》（ひつじ雲《ぐも》）

## 下《か》層《そう》雲《うん》

高《たか》さが2kmよりも低《ひく》いところには、層雲《そううん》や層積雲《そうせきうん》ができます。これらの雲《くも》は水《みず》の粒《つぶ》が集《あつ》まってできています。

【春《はる》ではないけど春《はる》のような】

# 小《こ》春《はる》日《び》和《より》

小《こ》春《はる》日《び》和《より》とは何《なに》かニャ？

木《こ》枯《が》らしとは何《なに》かニャ？

### 天気《てんき》を操《あやつ》る卑弥呼《ひみこ》

卑弥呼《ひみこ》は、弥生時代《やよいじだい》の終《お》わり頃《ごろ》に、邪馬台国《やまたいこく》を治《おさ》めていた女王《じょおう》です。
卑弥呼《ひみこ》は「鬼道《きどう》」という呪術《じゅじゅつ》を使《つか》い、政治《せいじ》を行《おこな》っていました。呪術《じゅじゅつ》を使《つか》い天気《てんき》の予測《よそく》や操作《そうさ》も行《おこな》っていた、ともいわれています。ですが、邪馬台国《やまたいこく》が日本《にほん》のどこにあったかは分《わ》かっておらず、卑弥呼《ひみこ》の存在《そんざい》は未《いま》だ謎《なぞ》が多《おお》く残《のこ》っています。

案《あん》内《ない》役《やく》は

卑《ひ》弥《み》呼《こ》先《せん》生《せい》

生没年《せいぼつねん》 不明《ふめい》～西暦《せいれき》247年頃《ねんごろ》

## 季節《きせつ》を特徴《とくちょう》づける天気《てんき》

日本《にほん》には、ある季節《きせつ》にだけ現《あらわ》れるような気象現象《きしょうげんしょう》があります。例《たと》えば、2月《がつ》～3月《がつ》頃《ごろ》の強《つよ》くて暖《あたた》かい南風《みなみかぜ》を**春一番《はるいちばん》**、菜《な》の花《はな》が咲《さ》く頃《ころ》の雨《あめ》を**菜種梅雨《なたねづゆ》**、5月《がつ》の晴天《せいてん》を**さつき晴《ば》れ**、9月《がつ》～10月頃《がつごろ》の長雨《ながあめ》を**秋雨《あきさめ》**などといいます。

## 小春日和《こはるびより》

小春日和《こはるびより》も、ある季節《きせつ》にだけ現《あらわ》れる気象現象《きしょうげんしょう》です。

秋《あき》の終《お》わりから冬《ふゆ》の初《はじ》めにかけての（11月《がつ》頃《ごろ》）、暖《あたた》かく穏《おだ》やかな晴《は》れの天気《てんき》を**小春日和《こはるびより》**といいます。季節《きせつ》は春《はる》ではありませんが、春《はる》の陽気《ようき》と似《に》ているため、小春《こはる》と呼《よ》ばれるようになりました。ちなみに北《きた》アメリカでは、小春日和《こはるびより》のことをインディアンサマーといいます。サマーといっても夏《なつ》ではありませんよ。

## 移動性高気圧《いどうせいこうきあつ》

春《はる》（3月《がつ》～5月頃《がつごろ》）と秋《あき》（10月《がつ》～11月《がつ》頃《ごろ》）に、日本付近《にほんふきん》を西《にし》から東《ひがし》へ移動《いどう》していく高気圧《こうきあつ》を**移動性高気圧**《いどうせいこうきあつ》といいます。春《はる》や秋《あき》の日本付近《にほんふきん》では、西《にし》から東《ひがし》へ風《かぜ》が吹《ふ》いています。この風《かぜ》を**偏西風**《へんせいふう》といいます。移動性高気圧《いどうせいこうきあつ》は偏西風《へんせいふう》に流《なが》されるように移動《いどう》していきます。

移動性高気圧《いどうせいこうきあつ》と移動性高気圧《いどうせいこうきあつ》の間《あいだ》には、**温帯低気圧**《おんたいていきあつ》が形成《けいせい》されていることが多《おお》いため、春《はる》と秋《あき》の日本付近《にほんふきん》では、移動性高気圧《いどうせいこうきあつ》と温帯低気圧《おんたいていきあつ》が次々《つぎつぎ》に通過《つうか》していきます。風《かぜ》は高気圧《こうきあつ》から低気圧《ていきあつ》に向《む》かって吹《ふ》きますので、風《かぜ》の吹《ふ》く方向《ほうこう》も毎日《まいにち》変《か》わりやすくなります。

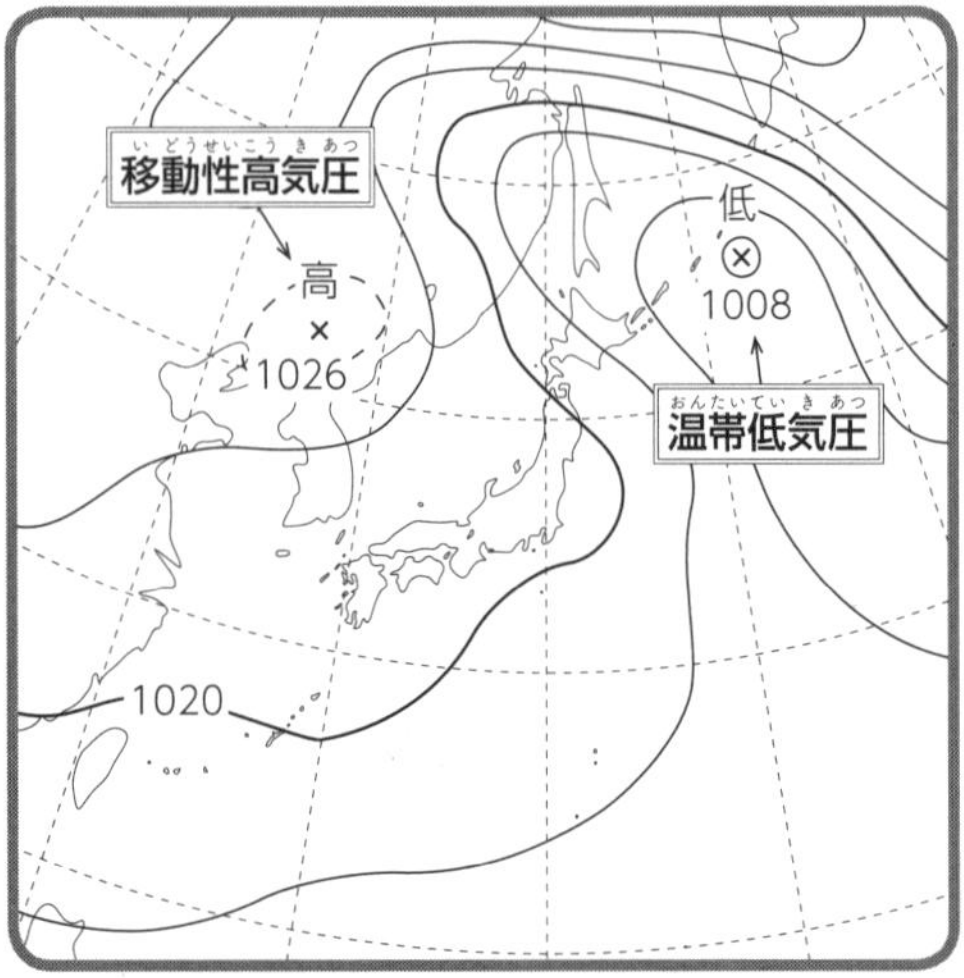


小春日和《こはるびより》となった日《ひ》の天気図《てんきず》

## 小春日和《こはるびより》のときの天気図《てんきず》

11月頃《がつごろ》には、温帯低気圧《おんたいていきあつ》が通《とお》り過《す》ぎた後《あと》に、日本列島《にほんれっとう》の広《ひろ》い範囲《はんい》が、**移動性高気圧**《いどうせいこうきあつ》におおわれることがあります。右下《みぎした》の天気図《てんきず》は11月《がつ》のものであり、この天気図《てんきず》の日《ひ》の北海道《ほっかいどう》は温帯低気圧《おんたいていきあつ》の影響《えいきょう》を受《う》けますが、沖縄《おきなわ》、九州《きゅうしゅう》、四国《しこく》、本州《ほんしゅう》などは、移動性高気圧《いどうせいこうきあつ》に広《ひろ》くおおわれています。このようなときには、風《かぜ》が弱《よわ》く、ポカポカとした穏《おだ》やかな晴《は》れの天気《てんき》となります。この天気図《てんきず》の日《ひ》の西日本《にしにほん》では、11月《がつ》であっても10月《がつ》のように暖《あたた》かく、小春日和《こはるびより》となりました。ただし、移動性高気圧《いどうせいこうきあつ》は西《にし》から東《ひがし》へ移動《いどう》していきますので、小春日和《こはるびより》が何日《なんにち》も続《つづ》くことはほとんどありません。

## 冬《ふゆ》の季語《きご》

11月頃《がつごろ》には、日本列島《にほんれっとう》に冷《つめ》たい風《かぜ》が吹《ふ》くこともあります。秋《あき》の終《お》わりから冬《ふゆ》の初《はじ》めにかけて、北《きた》から吹《ふ》いてくる強《つよ》くて冷《つめ》たい風《かぜ》を**木《こ》枯《が》らし**といいます。木枯《こが》らしが吹《ふ》くときには、11月《がつ》でも冬《ふゆ》と同《おな》じように、西高《せいこう》東低《とうてい》の気圧配置《きあつはいち》となっています。

俳句《はいく》などでは、季節《きせつ》を表《あらわ》す言葉《ことば》である季語《きご》が使《つか》われています。小春日和《こはるびより》や木枯《こが》らしは、冬《ふゆ》を表《あらわ》す季語《きご》になります。

# 天気図《てんきず》を見《み》てみよう！

## 高気圧《こうきあつ》と低気圧《ていきあつ》

天気図《てんきず》に書《か》かれた数値《すうち》は、気圧《きあつ》を表《あらわ》しています。気圧《きあつ》がまわりよりも高《たか》い高気圧《こうきあつ》は「高《こう》」と書《か》かれ、気圧《きあつ》がまわりよりも低《ひく》い低気圧《ていきあつ》は「低《てい》」と書《か》かれています。天気図《てんきず》では、風《かぜ》が高気圧《こうきあつ》から低気圧《ていきあつ》に向《む》かって吹《ふ》くので天気図《てんきず》を見《み》ると、おおよその風《かぜ》の向《む》きがわかります。

## 等圧線《とうあつせん》

天気図中《てんきずちゅう》の線《せん》は等圧線《とうあつせん》といい、気圧《きあつ》が等《ひと》しい場所《ばしょ》を結《むす》んでいます。天《てん》気図《きず》での気圧《きあつ》の単位《たんい》には「hPa（ヘクトパスカル）」が使《つか》われています。等圧線《とうあつせん》は4hPaごとに引《ひ》き、20hPaごとに太《ふと》い線《せん》を引《ひ》きます。

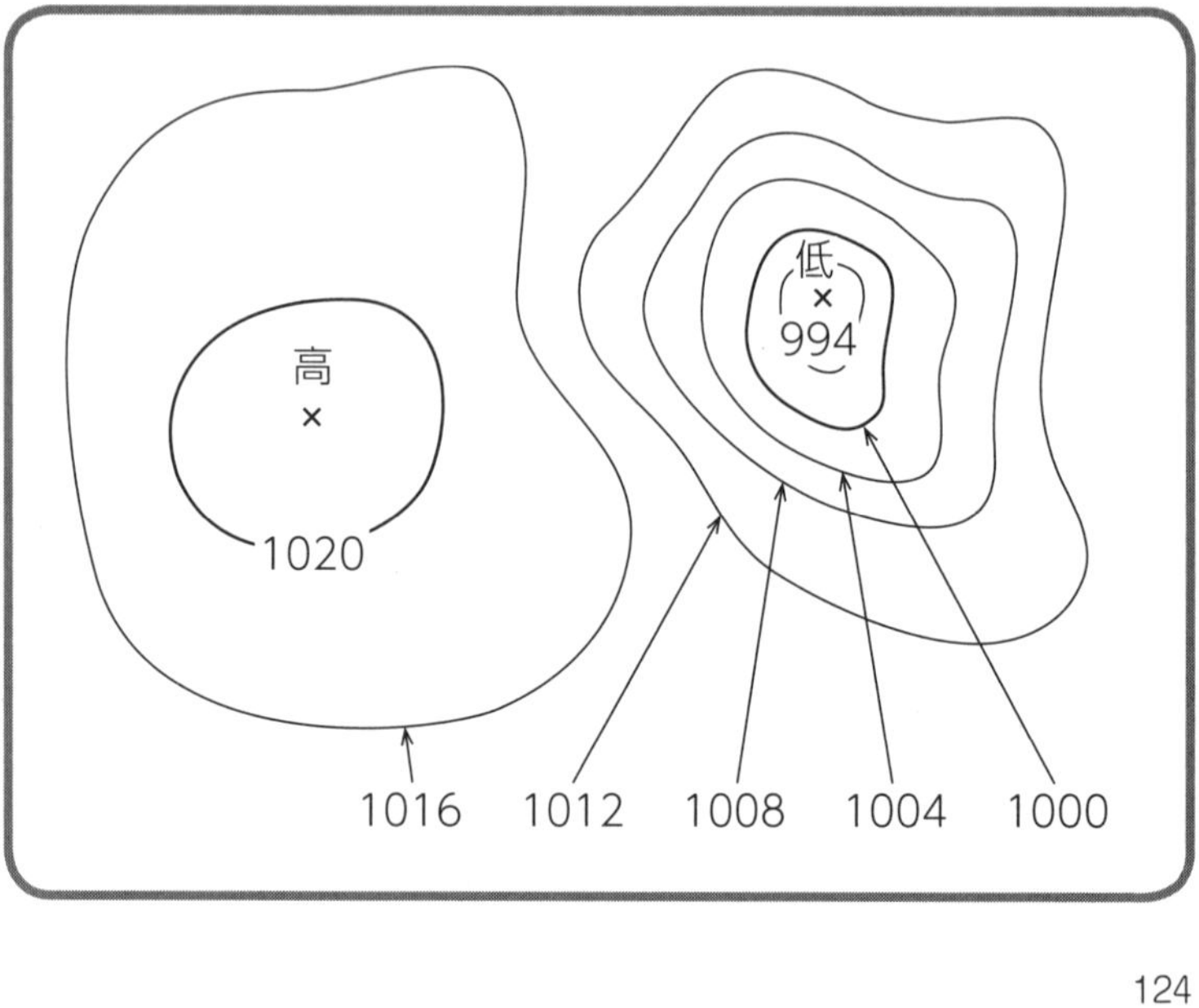

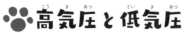

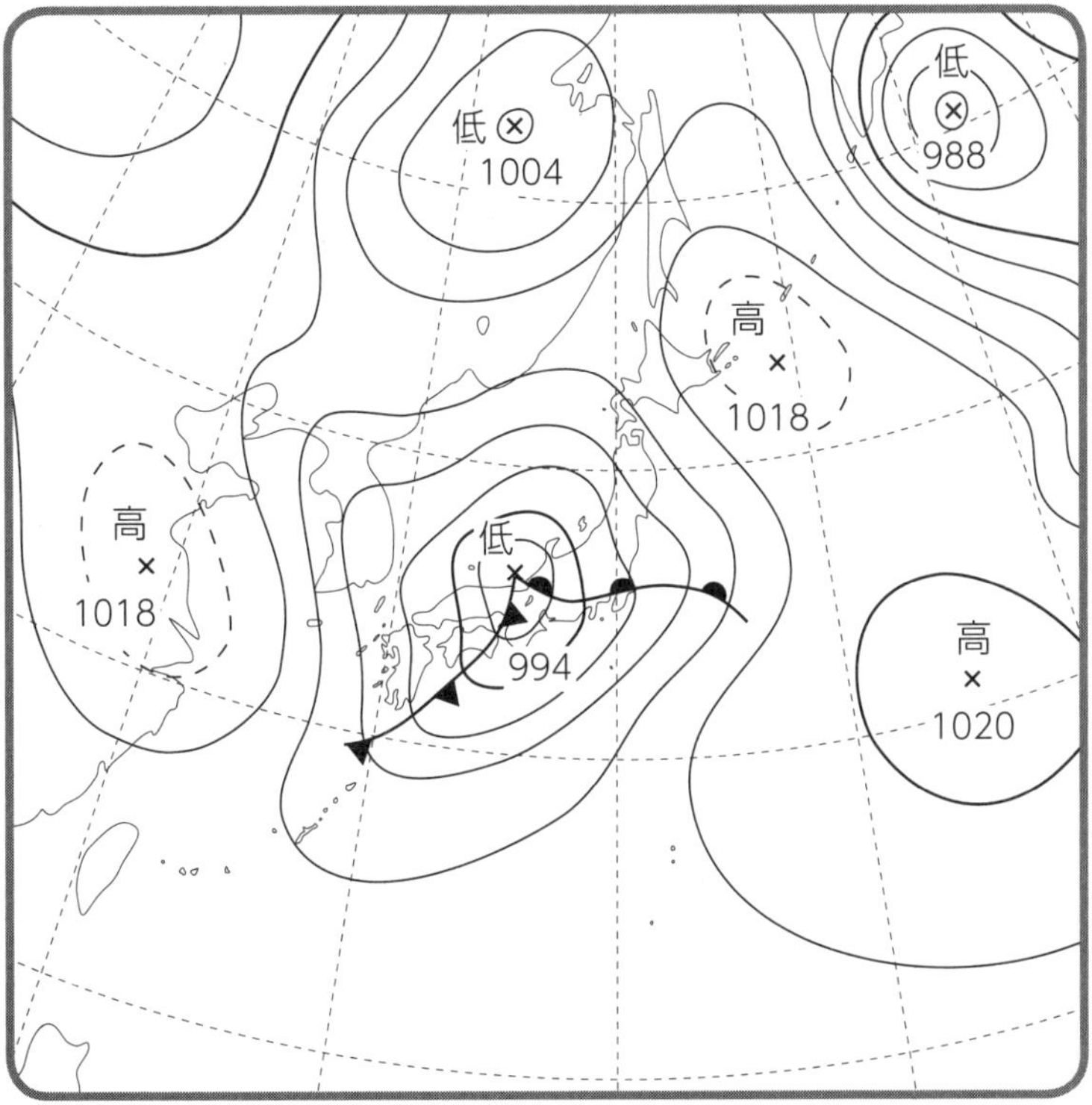


## 前《ぜん》線《せん》

前線《ぜんせん》は暖《あたた》かい空気《くうき》と冷《つめ》たい空気《くうき》の境界《きょうかい》です。温暖前線《おんだんぜんせん》では暖《あたた》かい空気《くうき》が入《はい》り込《こ》み、寒冷前線《かんれいぜんせん》では冷《つめ》たい空気《くうき》が入《はい》り込《こ》んできます。

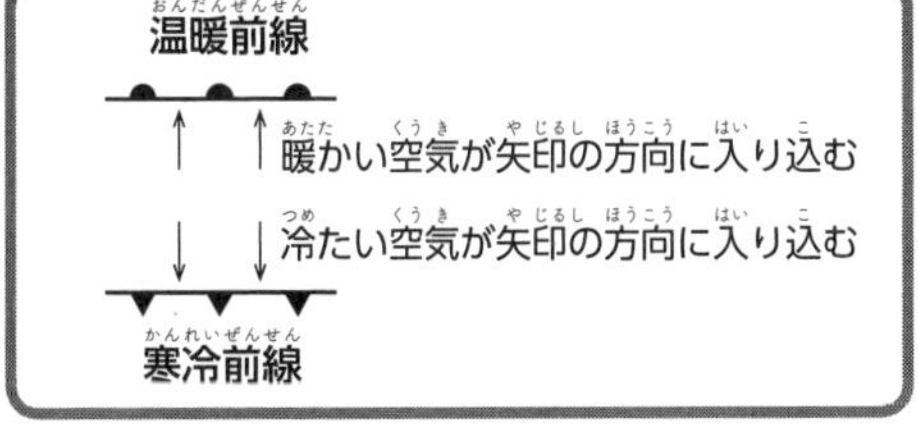

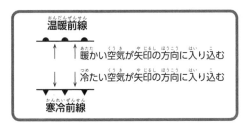

# ねこねこクイズ④

**問題《もんだい》1**

まわりよりも空気《くうき》が重《おも》いところを何《なん》という?

❶ 高《こう》気《き》圧《あつ》
❷ 中《ちゅう》気《き》圧《あつ》
❸ 低《てい》気《き》圧《あつ》

**問題《もんだい》2**

1年間《ねんかん》に発生《はっせい》する台風《たいふう》は約《やく》何《なん》個《こ》?

❶ 5個《こ》
❷ 16個《こ》
❸ 26個《こ》

**問題《もんだい》3**

台風《たいふう》が日本《にほん》に接近《せっきん》しやすいのは何《なん》月頃《がつごろ》?

❶ 6月《がつ》～7月《がつ》
❷ 8月《がつ》～9月《がつ》
❸ 10月《がつ》～11月《がつ》

**問題《もんだい》4**

冬《ふゆ》の天気図《てんきず》に見《み》られる高気圧《こうきあつ》と低《てい》気圧《きあつ》の配置《はいち》を何《なん》という?

❶ 東《とう》高《こう》西《せい》低《てい》
❷ 西《せい》高《こう》東《とう》低《てい》
❸ 南《なん》高《こう》北《ほく》低《てい》

**問題《もんだい》5**

雨《あめ》やくもりの日《ひ》が多《おお》くなる梅雨《つゆ》は何《なん》月《がつ》頃《ごろ》?

❶ 4月《がつ》～5月《がつ》
❷ 6月《がつ》～7月《がつ》
❸ 8月《がつ》～9月《がつ》

**問題《もんだい》6**

梅雨《つゆ》の時期《じき》に、梅雨《ばいう》前線《ぜんせん》の北側《きたがわ》にできる高気圧《こうきあつ》を何《なん》という?

❶ 移動性高気圧《いどうせいこうきあつ》
❷ 北太平洋高気圧《きたたいへいようこうきあつ》
❸ オホーツク海高気圧《かいこうきあつ》

**問題《もんだい》7**

1日《にち》の最高気温《さいこうきおん》が35℃以上《いじょう》になる日《ひ》を何《なん》という?

❶ 夏日《なつび》
❷ 真夏日《まなつび》
❸ 猛暑日《もうしょび》

**問題《もんだい》8**

小春日和《こはるびより》となる日《ひ》の日本列島《にほんれっとう》は何《なに》におおわれている?

❶ 移動性高気圧《いどうせいこうきあつ》
❷ 移動性低気圧《いどうせいていきあつ》
❸ 温帯低気圧《おんたいていきあつ》

# 答《こた》え

**答《こた》え1**

❶ まわりよりも空気《くうき》が重《おも》いところを高気圧《こうきあつ》、軽《かる》いところを低気圧《ていきあつ》といいます。

**答《こた》え2**

❸ 1年間《ねんかん》に発生《はっせい》する台風《たいふう》の数《かず》は、年《とし》によって変《か》わりますが、平均《へいきん》すると約《やく》26個《こ》になります。

**答《こた》え3**

❷ 日本列島《にほんれっとう》に接近《せっきん》する台風《たいふう》の数《かず》は、8月《がつ》～9月《がつ》に最《もっと》も多《おお》くなり、特《とく》に沖縄《おきなわ》によく接近《せっきん》しています。

**答《こた》え4**

❷ 日本列島《にほんれっとう》の西側《にしがわ》に高気圧《こうきあつ》ができ、東側《ひがしがわ》に低気圧《ていきあつ》ができますので、西高東低《せいこうとうてい》の気圧配置《きあつはいち》といいます。

**答《こた》え5**

❷ 梅雨《つゆ》は、6月《がつ》～7月頃《がつごろ》にかけて、雨《あめ》やくもりの日《ひ》が多《おお》くなる期間《きかん》です。

**答《こた》え6**

❸ 梅雨前線《ばいうぜんせん》の北側《きたがわ》にはオホーツク海《かい》高気圧《こうきあつ》ができ、南側《みなみがわ》には北太平洋《きたたいへいよう》高気圧《こうきあつ》ができます。

**答《こた》え7**

❸ 最高気温《さいこうきおん》が30℃以上《いじょう》の日《ひ》を真夏日《まなつび》といい、35℃以上《いじょう》の日《ひ》を猛暑日《もうしょび》といいます。

**答《こた》え8**

❶ 移動性高気圧《いどうせいこうきあつ》におおわれると、風《かぜ》が弱《よわ》く、穏《おだ》やかな晴《は》れの天気《てんき》になります。

# 日本史時代区分表《にほんしじだいくぶんひょう》

※時代区分《じだいくぶん》、年号《ねんごう》には諸説《しょせつ》ある場合《ばあい》があります。

| | | | |
|---|---|---|---|
| 旧石器時代《きゅうせっきじだい》 | 約《やく》3万《まん》5000年前《ねんまえ》〜1万《まん》3000年前頃《ねんまえごろ》 | | |
| 縄文時代《じょうもんじだい》 | 約《やく》1万《まん》3000年前《ねんまえ》〜2500年前頃《ねんまえごろ》 | | |
| 弥生時代《やよいじだい》 | 2500年《ねん》〜1700年前頃《ねんまえごろ》 | | |
| 古墳時代《こふんじだい》 | 3世紀頃《せいきごろ》〜7世紀頃《せいきごろ》 | | |
| 飛鳥時代《あすかじだい》 | 6世紀末頃《せいきまつごろ》〜710年《ねん》 | | |
| 奈良時代《ならじだい》 | 710年《ねん》〜794年《ねん》 | | |
| 平安時代《へいあんじだい》 | 794年《ねん》〜1185年《ねん》 | | |
| 鎌倉時代《かまくらじだい》 | 1185年《ねん》〜1333年《ねん》 | | |
| 建武《けんむ》の新政《しんせい》 | 1333年《ねん》〜1336年《ねん》 | | |
| 室町時代《むろまちじだい》 | 1336年《ねん》〜1573年《ねん》 | 南北朝時代《なんぼくちょうじだい》 | 1336年《ねん》〜1392年《ねん》 |
| | | 戦国時代《せんごくじだい》 | 1467年《ねん》〜1568年《ねん》 |
| 安土桃山時代《あづちももやまじだい》 | 1568年《ねん》〜1603年《ねん》 | | |
| 江戸時代《えどじだい》 | 1603年《ねん》〜1867年《ねん》 | | |
| 明治時代《めいじじだい》 | 1868年《ねん》〜1912年《ねん》 | | |
| 大正時代《たいしょうじだい》 | 1912年《ねん》〜1926年《ねん》 | | |
| 昭和時代《しょうわじだい》 | 1926年《ねん》〜1989年《ねん》 | | |
| 平成時代《へいせいじだい》 | 1989年《ねん》〜2019年《ねん》 | | |
| 令和時代《れいわじだい》 | 2019年《ねん》〜 | | |

原作
## そにしけんじ
1969年札幌生まれ。筑波大学芸術専門学群視覚伝達デザインコース卒業。

現在、COMICリュエル連載の『ねこねこ日本史』（実業之日本社）、
ねこシブ連載『ねこ戦 三国志にゃんこ』（KADOKAWA）など著書多数。

他の作品に『猫ピッチャー』（中央公論新社）、『新装開店 猫ラーメン』（マッグガーデン）、

『猫だからね』（幻冬舎）、『ラガーにゃん』（光文社）などがある。

著者
## 蜷川《にながわ》雅晴《まさはる》
1978年福岡県太宰府市生まれ。東京大学大学院理学系研究科修士課程修了。

現在、代々木ゼミナール地学講師。主な著書に、『地学基礎の点数が面白いほどとれる本』、

『地学基礎早わかり一問一答』（以上、KADOKAWA）、

『センター｜マーク基礎問題集地学基礎』（代々木ライブラリー）などがある。

# ねこねこ日本史《にほんし》でよくわかる　地球《ちきゅう》のふしぎ

2020年2月27日　初版第1刷発行

原　作　そにしけんじ ©Kenji Sonishi 2020
著　者　蜷川雅晴 ©Masaharu Ninagawa 2020
発行者　岩野裕一
発行所　株式会社実業之日本社
〒107-0062 東京都港区南青山5-4-30 CoSTUME NATIONAL Aoyama Complex 2F
【編集部】TEL.03-6809-0473
【販売部】TEL.03-6809-0495
装　幀　関 善之＋村田慧太朗（ボラーレ）
本文レイアウト　Lush!
印刷・製本　大日本印刷株式会社
歴史監修　福田智弘
イラスト　沼田 健
写真協力　鬼押出し園（p.40「浅間山と鬼押出し溶岩」、p.46「鬼押出し園」）

Printed in Japan　ISBN978-4-408-41552-9（第二漫画）
実業之日本社ホームページ　https://www.j-n.co.jp/